CB082124

Faça sua Parte

EDITORA EME

Solicite nosso catálogo completo, com mais de 400 títulos, onde você encontra as melhores opções do bom livro espírita: literatura infantojuvenil, contos, obras biográficas e de autoajuda, mensagens espirituais, romances palpitantes, estudos doutrinários, obras básicas de Allan Kardec, e mais os esclarecedores cursos e estudos para aplicação no centro espírita - iniciação, mediunidade, reuniões mediúnicas, oratória, desobsessão, fluidos e passes.

E caso não encontre os nossos livros na livraria de sua preferência, solicite o endereço de nosso distribuidor mais próximo de você.

Edição e distribuição

EDITORA EME

Caixa Postal 1820 - CEP 13360-000 - Capivari - SP

Telefones: (19) 3491-7000/3491-5449

vendas@editoraeme.com.br - www.editoraeme.com.br

RICARDO ORESTES FORNI

Faça sua Parte

Capivari-SP
– 2015 –

© 2014 Ricardo Orestes Forni

Os direitos autorais desta obra foram cedidos pelo autor para a Editora EME, o que propicia a venda dos livros com preços mais acessíveis e a manutenção de campanhas com preços especiais a Clubes do Livro de todo o Brasil.

A Editora EME mantém, ainda, o Centro Espírita "Mensagem de Esperança", colabora na manutenção da Comunidade Psicossomática Nova Consciência (clínica espírita masculina para tratamento da dependência química), e patrocina, junto com outras empresas, a Central de Educação e Atendimento da Criança (Casa da Criança), em Capivari-SP.

2ª reimpressão - abril/2015 - Do 3.501 ao 4.500 exemplares

CAPA | Victor Augusto Benatti
DIAGRAMAÇÃO | Victor Augusto Benatti
REVISÃO | Sonia Rodrigues Cervantes

Ficha catalográfica elaborada na editora

Forni, Ricardo Orestes, 1947-
Faça sua parte / Ricardo Orestes Forni - 2ª reimp. abril. 2015 - Capivari, SP : Editora EME.
168 p.

1ª ed. out. 2014
ISBN 978-85-66805-42-0

1. Espiritismo. 2. Autoajuda. 3. Crônicas motivacionais.
4. Ensino moral. I. TÍTULO.

CDD 133.9

SUMÁRIO

A SUA PARTE

LI, CERTA OCASIÃO, UMA história simples, mas que me marcou para sempre e que agora divido com você.

Um homem extremamente orgulhoso conseguiu criar do barro um ser humano, assim como descreve a lenda que um dia Deus também teria feito. Ficou exacerbado em seu orgulho e resolveu desafiar a Providência Divina. Afinal, pensava ele, também era um deus! Iria requerer do Criador o seu título de divindade. Pensando dessa forma, desafiou a Divindade para um confronto face a face.

Deus, dentro de sua humildade infinita, compareceu ao desafio.

- Senhor! Também consigo criar do barro um outro homem, portanto, exijo o meu título de um ser divino.

- Muito bem, meu filho - expressou-se ternamente o Criador. - Tome do barro e crie um semelhante seu.

O homem orgulhoso apanhou um bocado de barro e deu origem a um ser humano!

- Eis aí. Atingi a perfeição! Eis um ser que vive, que fala, que pensa, que sente, e tudo o mais que podemos fazer. Não mereço ser reconhecido também como um deus?

- Quase, meu filho.

- Como quase?! Aí está um ser vivo igual a mim tirado do barro! Também sou um deus!

- Você se esqueceu de um simples detalhe, meu filho.

- Que detalhe esqueci? Por acaso falta alguma coisa nesse outro a quem dei origem e que é exatamente igual a mim?

- O detalhe de que você se esqueceu, meu filho, é que o barro que você usou para criar um ser humano, fui Eu quem criou...

***

Em minha opinião, essa história singela é magnífica, inclusive diante da orgulhosa ciência dos homens. Querem ver?

A teoria que impera hoje é aquela segundo a qual o efeito inteligente que é o Universo e, portanto, originado de uma causa inteligente, teria nascido no momento da grande explosão denominada de Big-Bang. O questionamento muito simples é o seguinte: de onde saiu a matéria que sofreu a grande explosão? Do nada? Mas isso é anticientífico porque todo efeito é originário de uma causa. Onde estava essa matéria que explodiu de maneira inteligente criando um Universo da mesma forma inteligente? Ou será que a explosão de uma Editora daria origem a uma biblioteca perfeitamente organizada?! Sim, porque a própria ciência há de reconhecer que os astros conhecidos e, principalmente, aqueles que ainda desconhecemos, convivem de uma maneira harmônica por causa de uma inteligência que a tudo estabeleceu e provê de maneira perfeita. Ou não? Teria sido obra do acaso? De um acaso extremamente inteligente que estabeleceu forças cósmicas onde reina uma harmonia que o homem não consegue entender e muito menos reproduzir. Não estaria por aí, por

PROBLEMAS NA FAMÍLIA COM ÁLCOOL E DROGAS?

NOVA CONSCIÊNCIA

- Temos um tratamento moderno, com humanização e ressocialização imediata, sustentado em três bases: desintoxicação, conscientização e espiritualidade.
- Equipe composta por médicos, psicólogos e terapeutas para atendimento dos pacientes.
- Tratamento masculino, internação voluntária, resultados surpreendentes.
- Orientação familiar e acompanhamento pós-tratamento.

Atendimento humanizado, sobre as três bases: desintoxicação, conscientização e espiritualidade

Clínica espírita com alojamento para apenas 20 pacientes, com atendimento fraterno, palestras espíritas, desobsessão, passes e água fluidificada.

Em dois locais de tratamento, saídas diariamente para diversas atividades como: academia de musculação, práticas esportivas e de natação, palestras, espiritualidade, reuniões de sentimentos, reuniões de 12 passos.

Dois veículos para transporte próprio, alojamento em chácara acolhedora, com cozinha própria, cinco refeições diárias, com atividades manhã, tarde e noite.

Palestras motivacionais e educativas com médicos, psicólogos, nutricionista, assistente social, especialistas em dependência química e convidados com diversas especialidades.

Venha nos visitar ou ligue para obter maiores informações.

Comunidade Psicossomática Nova Consciência

Rua Jacub Pain, 187 - Bairro Cancian - Capivari-SP

Site: www.comunidadenovaconsciencia.com.br

E-mail: contato@comunidadenovaconsciencia.com.br

Fone: Nova Consciência (19) 3491-6597 / 99592-2804 (Claro) / 99881-6889 (Vivo)
Saulo (19) 99112-3033 (Claro) / 99844-9966 (Vivo)
Arnaldo (19) 3491-7000 / 99271-6510 (Claro) / 99788-4380 (Vivo) / 99822-4790 (Tim)

ATENÇÃO: USO E ABUSO DE ÁLCOOL E DROGAS TÊM RECUPERAÇÃO

Você tem um familiar, amigo ou funcionário com problemas de álcool ou drogas? Dê a ele uma chance de recuperação. Agora existe no Estado de São Paulo uma comunidade que conta com equipe multiprofissional, com médico, psicólogos, terapeutas e especialistas em dependência química para o amplo tratamento dessas questões.

É a COMUNIDADE PSICOSSOMÁTICA NOVA CONSCIÊNCIA, instalada em uma chácara na cidade de Capivari, no interior do Estado. Atende pacientes do sexo masculino. O período de recuperação é de quatro a seis meses, para desintoxicação, terapia, conscientização e renovação de valores.

Conta com assistência jurídica para afastamento do trabalho pelo INSS no período de tratamento.

Liberte seu familiar, seu amigo ou funcionário da doença do uso de crack, cocaína, maconha e álcool, em busca de uma nova vida mais alegre e feliz.

esse infinito afora, por esses múltiplos universos desconhecidos pela nossa ignorância, o "barro" de Deus?

Podemos deduzir, sem nenhum misticismo ou fanatismo religioso, que vivemos mergulhados num imenso plasma divino que cria sem cessar. Assim como existe vida no gigantesco oceano onde os seres vivos estão mergulhados nas águas que lhes proporcionam vida, nós, pobres homens de um planeta minúsculo, estamos mergulhados na obra da criação divina plenos de vida. Se preferirmos, podemos afirmar como Paulo: "em Deus existimos e em Deus nos movemos".

Apesar de sermos minúsculos seres moralmente e intelectualmente falando, desde o momento da nossa criação, que se perde nas voragens do tempo não governado pelo relógio e pelo calendário dos homens, existe uma parte que nos cabe executar. Existe um convite para você, para mim, para todos os seres de boa vontade. Somos convidados eternamente a realizarmos a nossa parte. A nossa boa parte. A nossa tarefa no campo do bem. Você é convidado a realizar A SUA PARTE!

Essa parte, entretanto, não está fora de nós. Não. Essa visão de que nos cabe fazer algo no Universo e que estaria fora de nós mesmos é errada. O convite perene é para realizarmos a parte que nos cabe construindo por dentro, cada dia mais, um ser melhor e mais perfeito. O dia em que essa tarefa estiver completa seremos luz metamorfoseada no amor pleno, capaz de amar a Deus sobre todas as coisas e, verdadeiramente, amar o próximo, seja ele quem for, esteja ele onde estiver, como a nós mesmos, como Jesus o fez. Se hoje podemos nos considerar uma poeira cósmica perdida num rincão remoto do Universo infinito num planetinha pequenino chamado Terra, existe o convite perene para sermos uma das estrelas que um dia irá se incrustar no velário do infinito. Para isso é necessário realizarmos a nossa parte. Estaremos atendendo a esse convite?

Estamos fazendo a nossa parte?

Está você fazendo A SUA PARTE?

COMO ESTAMOS?

A CURA SEMPRE PROVÉM da força da própria vida, quando canalizada corretamente.

A cura de uma enfermidade impõe a extinção das suas causas.

A cura real somente ocorrerá do interior para o exterior, do cerne para a sua forma transitória.

Nesse sentido, a cura tem início quando o paciente se ama e passa a amar o seu próximo.

Assim, a cura é um processo profundo de integração da pessoa nos programas superiores da vida.

Toda cura procede de Deus. Como Deus é amor, eis que o amor é essencial no mecanismo da saúde.

As curas verdadeiras resultam da decisão superior de encontrar-se e localizar-se, cada qual, no contexto do equilíbrio que vige no Universo.

Joanna de Ângelis.

***

Meu amigo e minha amiga, no livro *Primícias do reino*, Amélia Rodrigues, pela psicografia de Divaldo Pereira Franco, nos descreve que, após um dia de intenso exercício de amor do mestre Jesus na casa de Pedro na bela

Cafarnaum, Jesus retirou-se até próximo à praia. O Rabi sentou-se sobre raízes altas de velha árvore enquanto lufadas de vento morno chegavam à crista das vagas. Simão Pedro admirava a beleza de Jesus. Os cabelos de cor âmbar, encaracolados, esvoaçavam em desalinho, entre os pentes do vento. Seus olhos pareciam profundos e misteriosos como o mar que o apóstolo aprendera a amar desde há muito tempo. Admirando a grandiosidade do celeste amigo, Pedro se entregara à meditação profunda quando, inesperadamente, percebeu que Jesus chorava! Indagou:

- Senhor, choras, suponho, de felicidade pelos eventos felizes do dia?

Após uma pausa que para o discípulo foi longa e inquietante, Jesus respondeu:

- Choro, Simão, de tristeza, compadecido.

- Mas, mestre, não compreendo! Hoje te expuseste aos fariseus astutos e solertes, aos escribas ambiciosos e falsos que vieram espreitar, à malta de traidores e, à vista de todos, perdoastes pecados e curastes, silenciando-os com sabedoria e elevação, e choras?

- Sim, pois não me compreendeis, tu e eles.

***

Natanael Ben Elias era um paralítico de Cafarnaum que amigos desceram em uma cama rústica pelo telhado da casa de Pedro para que Jesus o curasse da paralisia que o retinha ao leito há muitos anos.

- Natanael Ben Elias, crês que eu te posso curar? - dialogava Jesus com o paralítico à sua frente preso ao leito.

- Sim, creio-o!

- Teus pecados estão perdoados! Levanta-te: toma a cama e vai para tua casa.

***

Pedro retornou ao diálogo:

- Por que dizes que te não compreendemos, Rabi? Estamos todos tão felizes! - manifesta-se Pedro.

- Simão, neste momento, enquanto consideras o Reino de Deus pelo que viste, Natanael, com alegria infantil, comenta o acontecimento entre amigos embriagados e mulheres infelizes. Outros que receberam o ânimo ou recuperaram a voz, entre exclamações de contentamento, precipitam-se nos despenhadeiros da insensatez, acarretando novos desequilíbrios, desta vez, irreversíveis.

***

Que disse Jesus a Natanael na proposta da cura? Teus pecados te são perdoados. Isso queria dizer que a misericórdia de Deus estava dando uma nova chance a ele. Estava relevando desequilíbrios que Natanael havia cometido no passado dando-lhe nova oportunidade. E o que mais disse Jesus? Toma a cama e vai para a tua casa. O doente curado seguiu a recomendação de Jesus? E para onde foi o paralítico? Beber com amigos na companhia de mulheres infelizes.

Para onde temos ido através das reencarnações inúmeras que a misericórdia de Deus tem nos proporcionado? Que caminhos temos tomado? Qual rumo temos escolhido?

Temos sido levantados de nosso passado de desequilíbrios para que possamos retornar ao caminho da Casa do Pai, e para onde temos nos dirigido?

Natanael Ben Elias fez a parte que cabia a ele por recomendação de Jesus?

Temos feito a nossa parte?

Tem você feito A SUA PARTE?

A VISÃO DE MONET

MONET – CLAUDE MONET – é o grande pintor que deu início ao Impressionismo na pintura, nasceu em Paris no ano de 1840, e desencarnou em Giverny, também na França, em 1926. Você deve estar pensando se esse livro é sobre ensinamentos espíritas ou sobre pintura, não é mesmo? Logo chegaremos aonde o comportamento do genial Monet nos ficou como exemplo. O Impressionismo surgiu de uma tela pintada por Monet logo no início de sua carreira, intitulada "*Impressão, nascer do sol*". Desse termo "impressão", surgiu a denominação "impressionismo". Nessa técnica, a tela vista de perto mais parece um borrão. Quando nos afastamos para contemplá-la é que vemos a beleza que ali está. Monet é considerado por muitos como o maior pintor impressionista que existiu. Bom, você continua pensando o que tudo isso tem a ver com a doutrina espírita? Monet teve uma visão espiritual de algum ser?

Não, meu amigo e minha amiga. O gênio de Monet levava-o a ficar observando o objeto a ser pintado durante várias horas do dia. Por exemplo, se ele fosse pintar um monte de feno no campo, observava-o e pintava o mesmo monte de feno em diferentes horários do mesmo dia. Indagado do porquê fazia isso, ou seja, pintar o mesmo objeto em diversos horários do dia sendo que o monte de feno era o mesmo, Monet respondia explicando que a incidência dos raios solares em cada horário era diferente sobre o objeto de sua pintura, o que permitia que cada quadro saísse diferente nas variadas ocasiões refletindo a luz de maneira diversa. Só mesmo um gênio para perceber essa mudança dos reflexos da luz em cada hora do dia sobre o mesmo monte de feno, você concorda?

Muito bem, aproveitemos a lição de Monet em relação ao nosso dia e à nossa vida. Temos observado o dia e a vida em seus diferentes ângulos para podermos aproveitá-los da melhor maneira possível?

Chico Xavier conseguiu ter a visão de Monet sobre todos os dias de sua existência na Terra, deixando-nos uma vida perfeita de exemplos. Chico trabalhava honestamente nas horas em que o trabalho exigia a sua presença, ganhando o seu sustento sem se valer da religião para sobreviver. Vivia para a religião e não da religião. Diferente de muitas pessoas que se enriquecem por meio de algumas religiões numa prova cabal de que não conhecem verdadeiramente o Deus que nos criou, mas apenas o deus que criamos a nossa imagem e semelhança, transmitindo a Ele nossos defeitos. É o deus guerreiro, deus de preferidos, deus que pede dinheiro àqueles que nele acreditam. Não é o Deus que nos criou e a quem Chico serviu fielmente.

Em outras horas do seu dia, como Monet, Chico observava a vida de outra maneira e percebia que devia se colocar à disposição dos espíritos para psicografar as centenas de livros que nos deixou.

Em outras horas do mesmo dia, como Monet, Chico tinha a sensibilidade de perceber a necessidade da imensa fila de pessoas desesperadas que buscavam auxílio e dispunha-se a servi-las durante horas e horas seguidas, madrugada adentro, com muito amor. Chico Xavier conseguiu enxergar no seu dia e na sua existência, nas horas diferentes desse dia e dessa reencarnação, uma oportunidade diferente da outra, dedicando-se ao serviço de maneira plena. Como Monet, que pintava o mesmo monte de feno em ocasiões diferentes do dia porque a incidência da luz modificada sobre o feno transmitia sempre um quadro diferente ao genial pintor, Chico também enxergou as variadas oportunidades de serviço em cada dia que conosco conviveu.

Também Divaldo tem a visão de Monet perante o seu dia a dia, diante de sua longa existência como encarnado entre nós.

Divaldo também trabalhou até aposentar-se honestamente para servir a sua religião e não servir-se dela.

Em outras horas do dia, Divaldo, de posse da visão de Monet diante do seu monte de feno, materializou na Terra o projeto espiritual da *Mansão do Caminho*, incomensurável obra de caridade que vem desempenhando junto aos necessitados na Bahia.

Em outras ocasiões do mesmo dia, Divaldo, com a visão aguçada de Monet, entregava-se ao trabalho de psicografia de mais de duas centenas de livros que já nos entregou.

Como um verdadeiro Paulo de Tarso da atualidade, Divaldo, como Monet, enxerga em seu dia e na sua atual existência outra conotação diferente que é a oportunidade de disseminar pelo mundo os ensinamentos da doutrina espírita.

Da mesma forma, no Centro Espírita *Caminho da Redenção*, em Salvador, Divaldo enxerga, como Monet enxergava nos objetos de sua pintura, outra característica de seu dia, entregando-se ao trabalho de dizer uma palavra de consolo aos inúmeros aflitos que o procuram.

Albert Schweitzer, espírito de escol, também conseguiu ter a visão de Monet em sua vida. Olhando sua existência em determinado momento, ele doutorou-se em música e transformou-se no maior intérprete de Bach na Europa, dando muitos concertos onde sua competência extasiava os assistentes. Mas não parou aí. Enxergou, como Monet, um outro momento de sua vida e doutorou-se em teologia, tendo escrito um dos maiores livros nessa área no século passado, intitulado *A busca do Jesus histórico*. Mas a visão de Albert Schweitzer, como a de Monet, também não se deteve por aí. Doutorou-se em filosofia e foi professor na Universidade de Estrasburgo. Mas se você pensa que a visão da vida de Schweitzer parou por aí, está enganado. Depois dos trinta anos estudou medicina e foi servir, gratuitamente, aos leprosos na África! Essa alma genial na parte espiritual da existência, como o genial Monet na pintura, conseguiu ver a vida nos seus diferentes instantes e produzir uma imensa obra no campo do bem, preenchendo-a com exemplos que devemos seguir.

Kardec, da mesma forma, conseguindo ter da vida uma visão diferente após os seus cinquenta anos de idade, revelou-nos o imenso mundo espiritual que nos rodeia e que, praticamente, convive conosco embora fora de um corpo material. Teve, como Monet diante dos objetos que pintava em horários diversos do mesmo dia, uma visão diferente da sua vida apropriada àquela fase de sua existência dando cumprimento à missão que houvera trazido da espiritualidade.

Claude Monet foi o gênio que conseguiu ver no mesmo dia o reflexo da luz de forma diferente sobre o mesmo objeto, deixando-nos obras imortais.

Chico, Divaldo, Albert Schweitzer, Francisco de Assis, Irmã Dulce, Madre Teresa de Calcutá, Teresa de Ávila e quantos mais exemplos que você quiser acrescentar à sua própria lista conseguiram contemplar a vida de forma diferente, aproveitando cada ocasião de deixar a sua obra imortal no campo do amor. Conseguiram enxergar as diversas oportunidades que a existência nos confere para produzir positivamente. Ou seja, cada um deles trabalhando sobre o mesmo tema - o amor ao semelhante - compôs telas esplêndidas de serviço no bem. São os Monet da espiritualidade na Terra. Em cada hora da vida, em cada etapa de suas existências, enxergaram a vida de uma maneira melhor para servir, da mesma maneira que o genial pintor enxergava o mesmo monte de feno diferente em cada hora do dia.

Está você fazendo A SUA PARTE para que a visão de Monet também aconteça em sua existência?

O QUE VOCÊ ACHA?

VOCÊ ALGUMA VEZ JÁ pensou como teriam sido as reencarnações futuras dos leprosos curados por Jesus? Será que nunca mais ficaram enfermos?

E sobre os paralíticos, o que você pensa? Nunca mais tiveram as pernas imobilizadas?

Os surdos e mudos, nas vidas futuras, não mais conheceram a ausência do som e da fala?

Os cegos que tiveram a luz dos olhos devolvida pelo doce Rabi, nunca mais conheceram as trevas da cegueira?

Os obsediados, nas vidas futuras, nunca mais foram atormentados?

Enquanto você pensa, raciocinemos com duas pequenas histórias.

Suponha que uma família ganhe as chaves de uma residência novinha em folha, como se diz. Aquele cheiro delicioso de tinta fresca. As portas impecavelmente pintadas. O telhado em perfeito estado. Instalações elétricas e hidráulicas funcionando a todo vapor. O que aconteceria com essa casa se os moradores não promovessem a limpeza dos banheiros, não varressem o chão, não colocassem o lixo na rua, não consertassem uma telha quebrada ou um cano furado ou um fio de energia elétrica danificado? Aos poucos essa família iria contaminando a residência que receberam recém-construídas e transformando-a em um ambiente sujo, sem higiene, ruim para se viver, não é mesmo?

Façamos um outro raciocínio. Imagine você que uma pessoa vá até uma agência de carros e adquira um veículo novo. Após a compra o proprietário passe sobre o barro das ruas e nunca mande lavar o veículo. Suponha que esse dono deixe os pneus caírem em buracos tão em moda nas ruas das cidades que não são cuidadas. Deixe a poeira ajuntar a tal ponto no automóvel que alguém escreva aquela frase "lave-me". Imagine que esse proprietário descuidado nunca faça a troca de óleo no tempo previsto, não calibre os pneus. Em pouco tempo o carro novinho em folha tirado na agência se transformaria em um veículo velho, malcuidado, desvalorizado, não é mesmo?

Agora faça comigo um outro raciocínio muito importante: que temos feito nós do corpo novinho em folha que a misericórdia Divina nos concede quando reencarnamos aqui na Terra?

Controlamos o colesterol, fazemos exercícios físicos, nos alimentamos adequadamente, dormimos o necessário, dosamos o açúcar do sangue, fazemos os exames médicos preventivos preconizados pela medicina de hoje, vacinamos nossas crianças e adultos, fazemos análise em consultórios capacitados, tudo isso para termos a tranquilidade de uma saúde perfeita, não é assim?

Voltemos à pergunta inicial sobre os leprosos, os cegos, os paralíticos, os surdos e mudos, os obsediados curados por Jesus quando esteve em corpo material entre nós. Esses Espíritos quando habitaram no futuro outros corpos físicos nunca mais adoeceram? Qual era a recomendação fundamental de Jesus quando curava alguém? Vá e não peques mais para que não te suceda o pior. Natanael Ben Elias, o paralítico curado por Jesus, não entendeu isso e retornou rapidamente à vida de desequilíbrios preparando novas colheitas de problemas para si mesmo.

É extremamente útil e saudável cuidarmos bem do nosso corpo. Entretanto, não podemos agir como a família desleixada que tendo recebido uma casa nova, acabou por transformá-la num lugar ruim de se morar. Ou como o motorista descuidado que abandonou o trato do próprio carro. Só que para cuidar bem do nosso corpo físico, não adianta apenas olhar para a parte material. O desgaste da matéria é inevitável pela força do tempo. Basta olharmos uma foto nossa de cinco anos atrás e veremos o efeito do tempo que não percebemos ao olharmos no espelho no dia a dia porque nos acostumamos à nossa imagem que vai mudando pouco a pouco. Mas a fotografia não mente: envelhecemos! É o consumo da parte material pelo tempo. Para termos a saúde total que buscamos, precisamos cuidar, e muito, de nós mesmos como espíritos imortais, para que sejamos o bom inquilino do corpo novo. Precisamos ser o motorista cuidadoso com o veículo material que Deus nos proporciona.

Pratiquemos a caminhada diária que beneficia o corpo material, mas caminhemos também em direção aos valores morais da vida.

Façamos o controle alimentar necessário, mas controlemos também o egoísmo interior.

Façamos a dosagem do colesterol e da glicemia para que tenhamos uma vida saudável, sem nos esquecermos, porém, que precisamos dosar principalmente a quantidade de orgulho que nos invade a alma.

Consultemos o médico de nossa confiança na realização dos exames preventivos que a medicina nos proporciona, mas consultemos também a nossa consciência para fazermos a prevenção do orgulho que nos acarreta tantos males. Isso equivale a dizer que temos que ser médicos de nós mesmos no sentido espiritual da existência.

Apliquemos em nossos filhos as vacinas que a ciência evoluída proporciona a essas crianças para que tenham uma vida mais saudável, mas apliquemos a elas também os conceitos de uma vida moral sadia para que não adoeçam da alma que irá contaminar seus corpos materiais.

Os leprosos, cegos, paralíticos, surdos e mudos, obsediados curados por Jesus, voltaram a conhecer a enfermidade em suas futuras existências? O que você acha? Se procederam como Natanael Ben Elias após ter a saúde restabelecida por Jesus, não tenhamos dúvidas que voltaram a se encontrar com a dor das doenças físicas. Eles não fizeram a parte deles.

Estamos fazendo nós a nossa?

Faz você A SUA PARTE?

APASCENTA AS MINHAS OVELHAS

Quem conviveu com o missionário de Pedro Leopoldo, o homem amor Francisco Cândido Xavier, descreve a paz que encontrava na presença dele. Sua aura abençoada atingia a vários metros como se uma pedra fosse atirada num grande lago e desenhasse nas águas círculos concêntricos que fosse se espalhando até a outra margem distante. As pessoas como que recarregavam suas "baterias" emocionais na presença dele. Imaginem, então, como deveria acontecer na presença de Jesus quando encarnado entre os homens!

Estava Pedro mergulhado num momento de êxtase desse tipo na presença do mestre quando ouviu a estranha indagação:

- Simão Bar Jonas, tu me amas?

O apóstolo foi apanhado de surpresa diante dessa indagação inesperada e respondeu prontamente como quem se recupera ligeiro de uma queda:

- Sim, senhor. Eu te amo.

- Apascenta minhas ovelhas.

Antes que pudesse refletir na razão daquela pergunta, Pedro recebeu nova indagação:

- Simão Bar Jonas, tu me amas?

Mas o que estaria acontecendo? Será que o mestre duvidava do seu amor? E de forma ainda surpresa reafirma:

- Sim, senhor. Eu te amo!

- Apascenta minhas ovelhas.

E enquanto Pedro raciocinava sobre a segunda pergunta procurando os motivos que a provocaram, ouve mais uma vez:

- Simão Bar Jonas, tu me amas?

- Sim, senhor, eu te amo - respondeu angustiado o apóstolo procurando entender o que Jesus estava pensando sobre ele.

E as dúvidas do discípulo puderam ser desfeitas quando escuta pela terceira vez a proposta de Jesus:

- Apascenta minhas ovelhas.

Você entendeu a profundidade e a extensão das três indagações do mestre para Simão Pedro? Enquanto você pensa, vamos voltar daquela época distante para o século XXI. Mais precisamente, ao Rio de Janeiro onde um missionário de nossa época se faz presente com suas brilhantes palestras. Sim, Divaldo, naquela noite havia feito, embora muito jovem ainda, mais uma palestra inesquecível para as pessoas que o ouviram. Ano de 1957. Naquela noite, adormecido o veículo carnal, Divaldo vê-se fora do corpo numa região até então para ele desconhecida. Era um lago imenso. Ou seria até mesmo um mar? Mais tarde, em suas viagens por diversos países levando os ensinamentos espíritas e conhecendo outras partes do mundo, Divaldo reconhece ser o mar da Galileia o local que ele tinha visto naquela noite em desdobramento. Uma velha figueira pendia seus galhos em direção ao lago. No céu muito azul, nuvens brincavam. De repente, olhando para o firmamento, Divaldo vê que as nuvens desenhavam como um hábil pintor uma figura que ele identificou como sendo Jesus. Voltou rapidamente para chamar a atenção do seu primo Nilson em direção daquela imagem de rara beleza, mas ela já não estava mais no mesmo lugar. Havia descido bem próximo ao lago.

- Nilson! Olhe! É Jesus!

Divaldo caiu de joelhos diante daquele ser de amor infinito. E enquanto seu pensamento deslizava célere indagando o que estava ocorrendo, recebe a pergunta que Pedro escutara há dois mil anos:

- Divaldo, tu me amas?

Divaldo procurava entender a razão daquela pergunta com a rapidez que o pensamento é capaz de imprimir quando busca razões e responde:

- Sim, senhor, eu te amo.

- Então, perdoa todo mal que te fizeram.

'Mas, meu Deus! Ninguém me fez mal algum! O que estaria acontecendo'?, pensava rapidamente Divaldo. E a segunda pergunta ecoou:

- Divaldo, tu me amas?

- Sim, senhor, eu te amo.

- Então, perdoa todo mal que te façam.

Mas ninguém lhe havia feito mal algum! O que estaria Jesus querendo dizer? E veio a terceira indagação:

- Divaldo, tu me amas?

- Sim, senhor, eu te amo.

- Então, perdoa todo mal que te fizerem.

A propósito desse pedido de Jesus a Divaldo, escreve Joanna de Ângelis no livro *Liberta-te do mal*: "Apieda-te, portanto, de todo aquele que se transforme em teu algoz, que te crie embaraços às realizações edificantes com Jesus, que gere ciúmes e cizânia em referência às tuas atividades, orando por eles e te envolvendo na *lã do Cordeiro de Deus*, sendo compassivo e misericordioso, nunca lhes revidando mal por mal, nem acusação por acusação..."

Só com as lutas árduas que a vida apresentou ao grande missionário baiano no transcorrer da sua existência de fidelidade a Jesus, ele pôde compreender as razões das três perguntas a ele dirigidas. Teve realmente, por amor a Jesus, de perdoar muito, muito além do que poderia supor na ocasião em que foi interpelado.

E agora, você já pode elaborar um raciocínio, uma explicação do porquê da insistência com que Simão Pedro foi interpelado e Divaldo também?

Você ama Jesus? Ama realmente? Então, faça alguma coisa em nome desse amor. Simão deveria apascentar as ovelhas do rebanho de Jesus. Divaldo deveria perdoar, como o fez, as ofensas que tentaram barrar-lhe o caminho de realizações abençoadas de sua existência atual.

Você ama Jesus? Então tenha mais paciência dentro do seu lar.

Você ama Jesus? Então tenha mais tempo para os seus filhos.

Você ama Jesus? Então seja mais sensível com a dor alheia.

Você ama Jesus? Então pratique a caridade como a entendia Jesus e que *O Livro dos Espíritos* na sua questão de número 886 explica tão bem seu significado.

Você ama Jesus? Então arrume um tempo para visitar um lar atingido pela dor da partida de um ente querido para a outra dimensão da vida.

Você ama Jesus? Então tenha mais paciência no trânsito de sua cidade.

Você ama Jesus? Então procure perdoar setenta vezes

sete vezes cada ofensa recebida.

Você ama Jesus? Então não passe a maledicência adiante.

Você ama Jesus? Então não seja o veículo do pessimismo dos dias atuais.

Você ama Jesus? Então dê a sua cota de colaboração para um mundo melhor.

Você ama Jesus? Auxilie de alguma maneira aos jovens desempregados.

Você ama Jesus? Então não negue o seu silêncio quando a calúnia se levanta.

Você ama Jesus? Então não negue a palavra de consolo onde o suicídio ronda.

Você ama Jesus? Então seja o elemento de concórdia no centro espírita que frequenta.

Você ama Jesus? Então encaminhe seus filhos ou netos à evangelização infantil.

Você ama Jesus? Então tenha paciência com seus pais velhos e cheios de manias.

Você ama Jesus? Então interprete as crianças do orfanato e os velhos dos asilos como membros de sua família.

Você ama Jesus? Então ore pelos presos, pelos governantes, por aqueles que se posicionam como teus inimigos.

Quantas propostas mais poderíamos ir estendendo para aquele que ama verdadeiramente Jesus?!

Simão Bar Jonas, apascenta minhas ovelhas! E Pedro assim procedeu pagando com o preço da própria vida.

Divaldo, perdoa aqueles que te ofenderam, te ofendem ou te ofenderão. E o missionário de Feira de Santana assim o fez durante a sua longa existência. Ao preço que só ele mesmo poderá aquilatar.

Simão, apóstolo Paulo, Divaldo, Chico Xavier, Allan Kardec, Madre Teresa de Calcutá, Albert Schweitzer, Francisco de Assis, Joana de Cusa, os primeiros mártires do Cristianismo e tantos outros fizeram a parte deles.

Estamos nós fazendo a nossa para demonstrar que amamos Jesus?

Está você fazendo A SUA PARTE?

***

A SOLICITAÇÃO DO SENHOR

O homem que se dizia infeliz, depois de haver implorado o socorro dos Céus, encontrou, em sonho, o mensageiro do Senhor que lhe falou generosamente:

- O Eterno Benfeitor se enterneceu com as tuas lágrimas e te escutou as petições. Em resposta, recomenda-te coragem a fim de que possas receber o Apoio Divino...

Antes que o emissário terminasse, o homem quase magoado interferiu:

- Coragem? Acaso não tenho mostrado ausência de medo em toda a minha vida? Guardo medalhas de muitas competições. Escalei o monte mais escarpado de minha região, por seis vezes fui campeão de corridas arriscadas, já montei potros bravios e, por duas vezes, abati onças no sertão...

O mensageiro, porém, sorriu e esclareceu:

- Sim, tudo isso é para considerar, mas o que o Senhor te pede é a coragem de cumprir o teu próprio dever.

Emmanuel

ISSO TAMBÉM PASSA

O HOMEM QUE SE dizia cristão estava envolvido por problemas difíceis. A dor, como sempre, aproximava aquele sofredor da Providência Divina. A dor, na verdade, funciona como um amaciador do orgulho, do egoísmo e da vaidade, porque a dor, mesmo que de forma inconsciente, nos lembra a possibilidade de termos que partir do refúgio do corpo material em direção à grande realidade por meio do fenômeno da morte. Dessa forma, aquele homem orava contritamente todas as noites antes de dormir pedindo o socorro dos planos maiores da vida. Decorrido um certo tempo, após um período de súplicas, viu-se na presença de um emissário divino ao qual expôs os seus problemas, os seus sofrimentos, pedindo pela ajuda de Deus.

- Meu filho - disse o ser espiritual - todos os sofrimentos da vida, por mais que dure, um dia acaba. Pode ter a certeza de que, se continuar fazendo a sua parte, isso passa.

- Mas a sensação que tenho é que já estou há séculos prisioneiro desses sofrimentos!

- Fique tranquilo que isso passa.

E o homem sofredor despertou no corpo e continuou a sua luta lembrando-se do aviso recebido em sonho: isso passa.

Realmente, após um determinado período, os problemas foram sendo solucionados e a tranquilidade voltou a reinar na vida do antigo sofredor. Com a ausência da dor, já não se lembrava com a mesma frequência da oração ao deitar-se. Os dias foram melhorando e ele atingiu o que podemos chamar de "altura cruzeiro", comparado ao voo de avião no qual tudo se estabiliza, em que a apreensão da decolagem é esquecida e uma viagem tranquila é esperada.

Uma bela noite, apesar de não ter feito as suas orações noturnas, viu-se, repentinamente, na presença do mesmo emissário celeste. Daquele mesmo espírito que o socorrera nos momentos difíceis e que lhe perguntou sorrindo:

- Como vai, meu filho? Os problemas se resolveram?

- Ah! Sim. Como o senhor me alertou, aquilo passou realmente. Sua previsão estava certa. Tudo passa.

- Que bom, meu amigo. A vida em família se encontra em paz? A saúde física está presente? Não enfrenta nenhum problema financeiro? Os filhos caminham bem pela existência, não é verdade?

- Sim, sim, senhor - apressou-se a confirmar o antigo sofredor sorrindo satisfeito.

- Pois é, meu irmão. Só que preciso revelar-lhe uma outra realidade.

- Outra realidade, senhor? Mas qual seria?

- Quando as coisas iam mal avisei-lhe que perseverasse no bem porque isso havia de passar, não foi?

- Claro! E o senhor acertou! Passou mesmo.

- Pois então. Os momentos de felicidade terrena que você está vivendo junto à sua família...

—Sim, senhor? - disse o homem ansioso e esfregando as mãos.

- Isso também passa...

- Mas, mas... - balbuciou procurando entender.

- É preciso continuar investindo no bem porque ele, ao contrário do mal e dos momentos felizes ou infelizes, jamais passa...

***

Você já imaginou se as pessoas poderosas segundo os valores do mundo entendessem que isso também passa? Quanto mal o orgulho e a vaidade deixariam de causar!

Da mesma forma, se os sofredores do mundo entendessem que o sofrimento também passa, as dores seriam de intensidade muito menor.

Pessoas próximas a Chico Xavier contam que ele tinha uma espécie de tabuleta em seu quarto com os dizeres "isso também passa", constituindo-se em um alerta do espírito Emmanuel para todos os dias e situações do seu pupilo.

Joanna de Ângelis no livro *Liberta-te do mal,* nos ensina que "enquanto estiveres no corpo, sempre defrontarás novos desafios em cada etapa existencial em que te encontrares, porque o fenômeno do progresso abre mais amplas perspectivas e possibilidades de ação.

Estacionar é perder as excelentes chances de produzir e crescer.

Ninguém espere tranquilidade no leito ocioso do repouso injustificável.

Embora aparentemente com preocupações e lutas, a tranquilidade é o estado interior de consciência e de emoção, avançando rumo à grande libertação das provas e expiações redentoras. As dores te alcançam, porque *ninguém* transita no abençoado planeta terrestre em regime de exceção, sem o contributo do sofrimento nem a dádiva do amor.

Se desejas tranquilidade ama e serve sempre."

Não sei qual é a sua situação no momento, amigo e amiga leitores, mas, com certeza, isso também passa.

Se desejas tranquilidade ama e serve sempre. Estamos fazendo a nossa parte?

Está você fazendo A SUA PARTE?

VERBO E ADVÉRBIO

VOCÊ ACHA QUE JOANNA de Ângelis escreve difícil? Então, me deixa pôr um pouco mais de lenha na fogueira. No livro *Liberta-te do mal*, escreve ela pelas mãos abençoadas de Divaldo: "Narra-se que Gerson, chanceler merovíngio, enunciou, oportunamente, que Deus, em nossa vida, olha mais os advérbios do que para os verbos."

Pronto. Eis aí um pouco mais de "pimenta" no assunto. Confesso que no dicionário comum não encontrei o significado da palavra "merovíngio". Precisava decifrar a sua origem para passar à interpretação e entendimento do ensino veiculado pela frase. Na internet descobri que merovíngios (481-751) foi uma Dinastia fundada por Clóvis, neto de um chefe tribal chamado Meroveu. Sob a liderança de Clóvis, os francos criaram o mais importante de todos os reinos bárbaros. Mesmo assim, não sei se essa foi realmente a origem da palavra empregada por Joanna, mas vamos ao ensinamento profundo de que Deus valoriza mais o advérbio do que o verbo.

O verbo traduz uma ação. Por exemplo: beber - indica a ação de tomar, ingerir algum líquido. Correr - indica uma ação, o ato de correr. Lutar, verbo que indica a ação de participar de uma luta corporal ou, em sentido figurado, busca por conquistar alguma coisa. Independentemente do seu sentido traduz uma ação.

Já o advérbio, ele modifica o verbo. Por exemplo: correr rapidamente. Está descrevendo a maneira como a pessoa corre. Beber avidamente. Explica de que maneira a pessoa toma um líquido. Lutar bravamente: descreve a maneira como a pessoa executa a ação de lutar.

Entendido isso, vamos para o esclarecimento do que parece complicado, do porquê Deus aprecia mais o advérbio do que o verbo.

Deixemos Joanna de Ângelis explicar primeiro: "Se alguém oferece um diamante atirando-o na face do outro, o gesto que fere e surpreende produz sentimento reacionário, mas se o envolve em tecido delicado ou o coloque em um invólucro bem-elaborado, antes de ofertá-lo, produz alegria, entusiasmo, gratidão."

Os espíritos orientam que a caridade não deve ser exercida envolta pelos espinhos da soberba.

O que tem isso tudo com o fato de Deus apreciar mais o advérbio do que o verbo?

Muito simples. Podemos dar um prato de alimento de maneira que não fira o necessitado, não humilhe aquele que pede. Dar é a ação, é o verbo, é a prática. A maneira que se dá é o advérbio. Podemos estender o alimento envolto na compreensão de que hoje auxiliamos e amanhã seremos nós a estender as mãos pedindo, suplicando. É muito diferente. É extremamente diferente. Há pessoas que estendem a peça de roupa ou o prato de comida envoltos nas chamas do desprezo por quem pede. Essa maneira de dar é o advérbio que Deus valoriza mais.

Podemos conversar com a nossa esposa ou com o nosso marido de maneira respeitosa ou menosprezando o outro, procurando submetê-lo ao nosso ponto de vista. A atitude de conversar é a ação. A maneira como tratamos o outro é o advérbio, que é a parte mais apreciada por Deus.

O patrão tem o direito de conversar com o empregado quando alguma coisa não está correta. Conversar é a ação. A maneira como essa conversa se realiza, sem humilhar ou humilhando, é o advérbio, que é a parte mais apreciada por Deus.

Temos o dever de, no centro espírita que frequentamos, algumas vezes dialogar com alguém para que alguma aresta seja aparada. Afinal, somos seres humanos imperfeitos. Dialogar é a ação. A maneira como esse diálogo é conduzido é o advérbio, que é a parte mais apreciada por Deus.

Orienta Joanna que "desse modo, os advérbios que enobrecem e dignificam têm por objetivo embelezar as ações." Não ficou bastante claro? Além de praticar a ação em favor do outro, devemos embelezá-la para que o socorro não fira, não humilhe. Basta a humilhação íntima de necessitar da ajuda alheia; não acrescentemos a nossa quota de amargura no cálice de quem precisa recorrer ao socorro alheio.

Jesus foi o espírito que executou a maior ação no campo do amor de que se tem notícia no planeta Terra, deixando as esferas de luz em que vive e mergulhando nas trevas densas de nosso mundo físico. Entretanto, exerceu essa ação sem nunca ferir, sem nunca humilhar ninguém. Trouxe a caridade plena envolta no manto da misericórdia. Seu verbo, entendido como tal a sua ação de encarnar entre nós, foi tão mansa que aceitou o berço na manjedoura e a partida numa cruz. Verbo e advérbio perfeitos, característica de quem era um com o Pai, conforme ele mesmo afirmou quando esteve entre os homens, o que deu origem à concepção errônea de que ele seria também Deus. Em Jesus o verbo não se separa do advérbio porque ambos são perfeitos.

Ficou mais fácil entender a lição de Joanna? Espero que sim. Ela fez a parte dela nos ensinando através de Divaldo.

Temos feito a nossa?

Você tem feito A SUA PARTE?

A ÁRVORE E O POMICULTOR

Um dos relatos sobre a vida abençoada de Francisco Cândido Xavier conta que em uma determinada ocasião, talvez em um dos Natais em que ele buscava os necessitados fornecendo gêneros alimentícios, Chico não tinha nada para dar.

Alguém do grupo comentou que, então, não deveriam buscar pelas pessoas que recebiam rotineiramente o auxílio porque não havia o que dar. Decepcionariam os necessitados. Entretanto, Chico com sua fé inabalável em Deus, retrucou que não. A visita seria feita nem que fosse para doar alguns pães, mas não deixariam de ir. E assim foi feito. Quando estavam no local com muito amor, mas quase nada de material para dar, uma enorme carreta para e o motorista pergunta onde encontraria "um tal" de Chico Xavier, porque ele trazia aquela enorme carreta repleta de alimentos endereçados a ele. E tudo virou uma grande alegria. O socorro do mundo espiritual superior não os decepcionou.

Um outro relato bastante interessante ligado ao espírito Bezerra de Menezes, foi o que se passou com o futuro médico dos pobres quando ele ainda estudava na cidade do Rio de Janeiro em 1852, com muita dificuldade financeira. Em uma determinada ocasião, bateram à porta de Bezerra e a pessoa se apresentou pedindo aulas particulares. Uma das matérias que Bezerra lecionava era a matemática. O interessado, porém, fazia uma exigência: deixaria as aulas pagas antecipadamente e voltaria para recebê-las posteriormente. Por sua honestidade o professor relutou com a proposta. Porém, como a pessoa não abrisse mão do pagamento antecipado, Bezerra aquiesceu. O solicitante voltaria em uma outra data para o início das lições. Entretanto, o futuro aluno de Bezerra nunca mais voltou. Socorro dos céus ao futuro médico que, no exercício de sua profissão, de tudo abriria mão para auxiliar o próximo em dificuldades maiores do que as dele.

Emmanuel, no *Livro de respostas*, narra a seguinte história:

"Certo pomicultor surpreendeu-se lamentando ao pé de grande laranjeira:

- E meus prejuízos? Meu dinheiro?!...

Como recuperá-lo? Quem fará isso por mim?

Assombrado, notou que a árvore lhe respondeu:

- Até hoje, meu senhor, nunca soube quem me apanhou os frutos e me talou as flores, quem me decepou os ramos e levou para longe as minhas essências, mas sei que Alguém me renova todas as forças, auxiliando-me a produzir."

Que exemplo maravilhoso de fé, não é mesmo? A laranjeira continuava produzindo, cumprindo a sua função na Natureza alimentada por Alguém que lhe providenciava tudo de que necessitava no exercício de sua função na vida. Confiava e servia.

Temos agido dessa maneira? Nossa confiança no Alto tem sido suficiente para, por exemplo, não nos transformarmos em veículo do pessimismo com tantos crimes, corrupções, impunidades sendo anunciados? Temos confiado o suficiente para promover a harmonia no lar por entender que Deus sempre nos posiciona no lugar e com as pessoas onde podemos ser mais úteis? Temos confiado o suficiente quando a enfermidade visita o nosso corpo aproveitando-a para exercitar a resignação? Temos confiado o bastante diante da partida de um ente querido por entender que a separação é apenas aparente e transitória? Ou quando o calo do pé começa a doer nos preocupamos como vamos calçar o sapato no dia seguinte? Ou quando a cutícula da unha das mãos se inflama ficamos preocupados de que maneira vamos segurar a caneta? Ou quando chove um dia a mais do que julgamos necessário já começamos a reclamar? Ou queremos um sol frio no verão e um sol quente no inverno?

Já imaginaram o que teria sido do trabalho de madre Teresa de Calcutá se ela não tivesse confiado o bastante na Providência Divina?

Já imaginaram a segurança que norteou Francisco de Assis a se despir em público como ato de renúncia a tudo o que era material que o seu pai e o mundo tinham a lhe oferecer?

Como foi decidida Santa Clara, fundadora da ordem das Clarissas, aquela que abraçou a pobreza extrema renunciando à vida boa que a família podia lhe proporcionar, seguindo o exemplo daquele a quem ela chamava e considerava como "Pai Francisco"!

Como foi confiante Kardec no auxílio dos espíritos superiores para levar a bom termo a sua imensa e penosa tarefa de trazer aos homens a luz da Terceira Revelação!

Que grandeza de alma e de confiança em "alguma coisa maior" apresentou Albert Schweitzer ao se internar no interior do continente africano para tratar gratuitamente de leprosos, deixando a sua grande paixão que era a música!

Como foi confiante Gandhi ao combater a escravidão de seu povo com a não violência!

Chico Xavier, por confiar, continuou a entregar alimentos chegados de última hora aos seus necessitados.

Por confiar, Bezerra de Menezes recebeu a visita do estranho aluno que pagou adiantado por aulas que nunca apareceu para receber.

Por confiar, a laranjeira da história de Emmanuel continuou a produzir, embora não soubesse quem a podava, que destino davam a seus frutos. Apenas sabia que Alguém a sustentava para que continuasse a cumprir o seu papel na Natureza.

Chico cumpriu a sua parte.

Bezerra fez a parte dele.

A laranjeira cumpria a parte dela.

Temos feito a nossa?

Tem você feito A SUA PARTE?

A CONVERSA DENTRO DO ÚTERO

MEU AMIGO E MINHA amiga, vocês já ouviram, leram ou têm alguma ideia do que pode ser a conversa dentro do útero materno? Se não, tenho o prazer imenso de dividir com você a conversa intrauterina, daqueles que vêm de lá para cá. Em doutrina espírita falamos muito do caminho daqui para lá. Que tal invertermos a mão de direção? O que será que os espíritos podem pensar quando estão para nascer aqui na Terra morrendo, temporariamente, para o mundo espiritual?

Sobre a desencarnação, ensina Joanna de Ângelis no livro *Liberta-te do mal,* que a morte, sempre detestada, especialmente quando chega interrompendo a infância e a juventude, ou mesmo quando se encarrega de arrebatar os afetos que constituem estímulos à luta e exemplos de coragem e dignidade, prossegue incompreendida e malsinada.

Lúcida em suas colocações e argumentando solidamente, continua a mentora de Divaldo esclarecendo que a vida certamente não gastaria mais de dois bilhões de anos para organizar as moléculas, desde as mais primárias até os complexos mecanismos cerebrais como de outros órgãos, para, em um determinismo trágico, logo as destruir, aniquilando-as em suas transformações químicas e biológicas.

Desse modo, continua esclarecendo Joanna, a morte é um portal de acesso a outra dimensão de onde a vida se originou, a fim de ser realizado um objetivo adrede (anteriormente) estabelecido, que é o aperfeiçoamento intelecto-moral do Espírito, a busca da plenitude.

Desagregam as partículas e se reorganizam, incessantemente, obedecendo a leis desconhecidas que lhes trabalham a essência dentro de uma programação clara e lógica denominada vida.

Por que o ser humano deveria aniquilar-se, quando os fatos comprovam amiúde a sua sobrevivência? - complementa Joanna por meio da psicografia de Divaldo.

Como vemos, quase sempre abordamos o assunto daqui para lá. Falamos, estudamos, analisamos, dissecamos a desencarnação, o que é um grande passo dado pela doutrina espírita, porque, antes dela, era tudo muito sobrenatural, coisa do outro mundo, como os filmes costumam mostrar.

Mas, como dissemos no início, que tal analisarmos aqueles que estão vindo para cá? Suas dúvidas, suas inseguranças, suas incertezas, suas indagações. Não é interessante cogitar sobre o que poderiam os espíritos reencarnantes estar pensando? Para tal objetivo, vou transcrever um texto que recebi por *e-mail* de um amigo de Belo Horizonte, mais precisamente o amigo Fontana. Vamos ao texto?

No ventre de uma mulher grávida, dois bebês falavam:

- Acreditas na vida pós-parto?

- Claro! Tem que haver alguma coisa. Estamos aqui a preparar-nos para o que vamos ser.

- Disparate! Não há vida depois do parto. Como é que seria verdadeiramente essa vida?

- Não sei, mas com certeza deve haver mais luz que aqui. Talvez até consigas andar com os próprios pés e comer com a própria boca!

- Isso é absurdo! Andar é impossível! E comer com a boca?! Completamente ridículo! O cordão umbilical é que nos alimenta! Só te digo isto: a vida após o parto não é possível. O cordão umbilical é muito curto!

- Eu cá tenho a certeza que há alguma coisa. Com certeza apenas diferente daquilo a que estamos habituados aqui.

- Mas nunca ninguém voltou de lá para contar... O parto é o final e mais nada! A angústia prolongada na escuridão...

- Bom, não sei como é que vai ser depois do parto, mas tenho a certeza que a mãe vai tratar de nós.

—Mãe?! Você acredita nisso? E onde é que ela supostamente está?

- Onde? Em tudo à nossa volta! Vivemos nela e através dela. Sem ela nada existiria.

- Eu não acredito nisso. Nunca vi mãe nenhuma porque simplesmente ela não existe.

- Mas quando estamos em silêncio não a consegues ouvir cantar e falar? E não a sentes a afagar o nosso mundo? Sabes, eu acho mesmo que nos espera a vida real e que esta é só uma preparação para ela...

- Esquece! Isso são aquelas tretas da fé...

Que tal? Não poderia se passar esse diálogo entre aqueles que retornam ao meio dos espíritos reencarnados? Assim como quando vamos para lá, muitas vezes temos dúvidas, sentimos insegurança, por que na hora de vir elas não poderiam ocorrer?

A essas angústias, a esses questionamentos, solicitamos novamente o socorro das orientações de Joanna de Ângelis, quando ela nos ensina que o essencial é se viver no corpo com todo o respeito pela sua organização e pelos mecanismos emocionais e mentais, intelectualizando a matéria, que se tornará menos densa e penosa no processo de evolução.

Todos os desafios - continua ela - e incertezas, dificuldades e problemas constituem instrumentos pedagógicos que promovem o progresso, ensejando o conhecimento libertador da ignorância, ao mesmo tempo facultando a edificação dos sentimentos superiores em direção a todas as criaturas.

Uma existência humana é grande investimento da Divindade que a elaborou, tendo por meta o seu crescimento moral e espiritual, na superação dos atavismos (heranças) do comportamento inicial que lhe está destinada desde o começo.

A mentora esclarece que viver, pois, no corpo, não é apenas experienciar-lhe as sensações básicas e primárias, sobretudo é vivenciar os sublimes sentimentos de paz e da fraternidade que devem vigorar entre todos os seres humanos.

Conclui ela ensinando que o sentido psicológico da existência terrestre pode ser reduzido a três fatores essenciais:

- o amor em todos os seus aspectos;
- o trabalho de dignificação pessoal e da sociedade;
- a transformação de qualquer tragédia - mortes prematuras, processos de injustiça, doenças irreversíveis, dificuldades econômicas e acontecimentos infelizes em

triunfo pessoal no largo jornadear (caminhar) pelas sinuosas estradas físicas.

Portanto, não só existe vida após o parto, como existe uma longa tarefa a ser cumprida na existência que Deus nos permite ter aqui na Terra. Os dois fetos que conversavam na história que transcrevemos que se preparem, não é mesmo?

Ou seja, voltamos para fazermos a nossa parte para que o mundo seja melhor por meio da melhoria íntima de cada um de nós.

Um dia também passamos pelo útero para virmos ao mundo fazermos a nossa parte e encontramos vida, muita vida para fazermos a nossa parte.

Está você fazendo A SUA PARTE?

DOR: O FAROL DE DEUS!

Quando os navios de hoje, ou melhor nos expressando, quando os enormes transatlânticos modernos cruzam os mares com toda a tecnologia moderna, esquecemo-nos dos velhos faróis que nas noites escuras indicavam o rumo que os antigos navios deveriam tomar.

Emmanuel no livro *Levantar e seguir*, poeticamente assim se expressa: *Quando a noite aparece, é que os olhos dos homens conseguem divisar o esplendor das estrelas.*

Essa colocação de Emmanuel nos lembra que, quando a noite dos problemas apaga nossos dias de tranquilidade, começamos a nos lembrar de Deus. Querem ver como?

Assistia, por acaso, um programa de televisão que apresentava os novos milionários, ou seja, pessoas que haviam conseguido ganhar o seu primeiro milhão de reais, fruto de seu trabalho. Todos eles trabalhavam muito. Várias horas por dia. Dezesseis horas ou até mais. Pergunto a você que me dá a honra de me ler: essas pessoas que trabalham nesse ritmo extenuante teriam tempo de cogitar da parte espiritual da existência? Mesmo quando deixam fisicamente o local de trabalho, a mente fica ligada às atividades realizadas durante o dia. Adentram o lar, encontram a esposa e filhos, tomam suas refeições, fazem a higiene corporal, trocam de roupa, mas o foco da atenção continua a bombardear-lhes a mente. Será que antes do sono físico acontecer lembram-se de uma simples oração? Para onde irão esses espíritos desprendidos do corpo durante o repouso físico se o centro de suas atenções durante tantas horas do dia foram os negócios? Sabemos que não há milagres. Continuarão na dimensão espiritual absorvidos por aquilo que para eles é a razão de ser maior de suas existências. Por isso dissemos que a dor é o farol de Deus. Por isso lembramos Emmanuel. Quando o mundo ameaça tragar essas pessoas absorvendo a maioria do seu tempo na Terra na conquista dos valores materiais que permanecerão na Terra, a dor se instala para que possam ver que à noite existem as estrelas. Ou seja, o farol da dor estabelece uma sintonia das pessoas devoradas pelos problemas dos valores materiais, com a realidade esquecida da dimensão espiritual. A noite da dor, dos problemas para os quais o mundo não oferece solução, para os quais o dinheiro fartamente ajuntado não apresenta saída, a noite da dor permite que a fragilidade e a rapidez da vida física sejam lembradas possibilitando que se veja a estrela da verdade espiritual pela qual voltamos ao mundo material.

É por isso que, muitas vezes, os espíritos de grande evolução solicitam a Deus a presença da dor em suas vidas enquanto na Terra. Pedem o farol da dor para que não se desviem do real objetivo pelo qual reencarnaram no planeta. Pedem a noite de problemas difíceis para que possam contemplar as estrelas dos valores espirituais.

No livro de Joanna de Ângelis através da psicografia de Divaldo, *Liberta-te do mal*, ela escreve uma página belíssima a São Francisco de Assis intitulada *Epístola ao menestrel de Deus.*

Nessa página, revela Joanna, Francisco de Assis faz

uma pergunta essencial para que não nos percamos pelos caminhos da reencarnação: *Sou eu o proprietário de minhas posses ou elas me possuem?* Os novos milionários que o programa de televisão mostrou talvez nunca façam, nessa existência, tal pergunta.

Como sabemos, Francisco de Assis foi a reencarnação do apóstolo João, o único discípulo presente na hora lamentável da crucificação de Jesus. Teria ele necessidade de doenças físicas para não se desviar do seu rumo como Francisco de Assis? Mesmo assim o farol da dor repontou em toda a sua curta existência na Terra. Desnudou-se em praça pública num ato de renúncia aos bens do mundo. Sofreu a acusação de dirigir um bando de vagabundos e desorganizados. Pedradas, humilhações de todo porte, perseguições e zombarias, fome e necessidades, tudo transformava em estímulo para não se desviar de Deus.

Padeceu também as enfermidades do corpo que lhe mantinham a alma sã. Contraiu a malária em uma época em que não havia nenhum tratamento para essa doença. E podemos imaginar o que deve ter padecido com a alta febre e as dores no corpo provocadas pela enfermidade.

Por se entregar ao amparo de pessoas leprosas, seu corpo, como diz Joanna, foi se transformando em um jardim no qual passaram a desabrochar as primeiras rosas arroxeadas da hanseníase. Até o tracoma, grave infecção dos olhos, vitimou Francisco em uma época cujo único tratamento era o ferro aquecido em brasas que aplicado nas vistas produziam a cegueira. O único pedido de Francisco diante do tratamento foram as palavras: *Oh! Irmão fogo! Sê bondoso comigo nesta hora...*

Precisaria Francisco desses problemas gigantes que

pontuaram a sua existência? Ou o farol da dor estava presente por pedido dele próprio à Providência Divina? Dor essa que permitia que Francisco pudesse ver, mesmo que no corpo físico da Terra, as estrelas entre as quais iria habitar após sua desencarnação.

Pessoas entendem que dão um xeque-mate no espiritismo ao indagar por que espíritos como Chico Xavier não foram curados pelos espíritos superiores que o assistiam? Por que doutor Bezerra não aliviou os problemas materiais do corpo cansado de Chico? Por que Emmanuel não rogou à Providência Divina a solução dos problemas do seu pupilo? Por que irmã Scheila não medicava as enfermidades do apóstolo de Pedro Leopoldo? Simplesmente porque não podiam apagar o farol da dor que mantinha as condições do missionário continuar vendo sempre as estrelas da grandiosa noite espiritual que ele compunha com tanta renúncia.

Por isso, quando teimamos em empregar nosso tempo aqui na Terra para correr atrás, desesperados, dos valores que não ultrapassarão a barreira do túmulo, acende-se para cada um de nós o farol da dor para assinalar-nos o rumo a ser seguido. Para que possamos voltar a enxergar a beleza das estrelas dos valores espirituais quando os valores do mundo se apagam e a noite dos problemas se instala em nossas existências.

O farol da dor e a noite dos problemas fazem a sua parte para que não nos esqueçamos de fazer a nossa.

Está você fazendo A SUA PARTE?

AS FOTOGRAFIAS

AQUELE IMPORTANTE HOMEM DE negócios levantou preocupado com o dia intenso de trabalho que teria pela frente, como sempre.

Fez a higiene corporal, tomou a xícara de café em pé, folheou rapidamente os jornais consultando os índices de valores que o interessavam e partiu em direção ao carro para dirigir-se ao seu escritório.

Voltou porque havia esquecido um documento em uma das gavetas da sua escrivaninha. Mexe daqui, procura de lá o papel importante quando se depara com algumas fotos de anos anteriores, mais precisamente de algumas fotografias com intervalo de cinco anos, mais ou menos, umas das outras, de sua própria pessoa.

Olhou a foto de seus 30 anos: jovial, sorridente, face lisa, cabelos negros e fartos, ausência de rugas. Revirando um pouco mais, deparou-se com uma foto onde tinha quase quarenta anos. Já demonstrava um certo cansaço na expressão, mas ainda estava tudo bem. A outra fotografia encontrada estampava seu rosto com cinquenta anos. Uma diferença acentuada já se instalara. Era como se um tipo de cansaço estivesse sendo registrado naquela idade. Algumas rugas em torno dos olhos. Outras na testa. Seriam as responsabilidades da vida que aumentaram muito? Correu no espelho e olhou-se. Estranho! Tinha a impressão de que nada havia mudado. Continuou rebuscando as fotos e encontrou a última com quase oito anos a mais. Quase sessenta anos! A diferença era nítida! Se comparada, então, com a de trinta anos, preocupava. E muito! Era a velhice. Lembrou-se de que, quando adolescente, queria ser adulto. Agora torcia para que o tempo parasse. Voltou ao espelho e passou as mãos pelo rosto com a barba bem feita. Não. Não era possível que mudara tanto! Será que não seria um erro nas fotos? Uma espécie de *fotoshoping* negativo onde se piorava a pessoa ao invés de melhorá-la como se fazia com os artistas? Pensou na morte! Um tremor fino percorreu-lhe o corpo e um princípio de suor discreto ameaçou mourejar em sua fronte. Rapidamente passou a mão pela testa num ato de afugentar tais pensamentos sombrios. Era um homem dinâmico! Trabalhava quinze a dezesseis horas por dia! Um verdadeiro *workholic* como dizem os americanos. Que nada! Tudo estava bem. Viveria ainda muitos anos. Uns trinta anos a mais e já estaria bom. Sorriu. Amanhã voltaria a pensar no problema. Ou talvez na semana que vem. Que bobagem! Temor da morte quando estava em pleno vigor da vida?!

***

Sou espírita. Frequento o centro, ouço as páginas dos oradores, tomo água fluidificada, recebo passes semanalmente, estudo *O Livro dos Espíritos, O Evangelho segundo o Espiritismo, O Livro dos Médiuns*. Devo temer a morte?

Depende...

Sou católico, assisto regularmente à missa, tenho o santo da minha devoção, casei-me na igreja, meus filhos são batizados, participo do encontro de casais. Devo temer a morte?

Depende...

Sou evangélico. Estudo a Bíblia, sei citar os capítulos, os versículos do Livro Sagrado, ouço a pregação do pastor, creio em Jesus. Devo temer a morte?

Depende...

Qual a religião que você vive quando está fora do templo religioso de sua fé? Sempre é bom lembrar que Jesus não deixou nenhuma religião de acordo com os padrões humanos. Vivenciou ininterruptamente a caridade. Não aquela caridade que nos vem à cabeça de dar do que sobra. Jesus nada tinha em termos materiais. Vivenciou a caridade no seu sentido mais amplo, mais profundo, sem restrições, em que a pessoa dá de si e não daquilo que lhe sobra. O sapato sem uso, o agasalho esquecido pelo tempo. O prato de comida. Jesus praticou a caridade da indulgência para com os defeitos alheios. Praticou o perdão dos pecados. Por isso mesmo viveu entre o povo que era considerado, na época, a escória da sociedade - prostitutas, hipócritas, malfeitores de diversos tipos, ladrões, adúlteros—, porque entendia que os sãos não precisavam de médico, mas sim os doentes da alma. Muito mais do que os doentes do corpo. As curas realizadas por Jesus tinham o objetivo de chamar o espírito que passava pela provação da doença para a cura moral, aquela que liberta definitivamente dos sofrimentos em que vivemos aqui na Terra. Jesus amou a tal ponto e foi caridoso com tal intensidade que entregou o que de mais valioso que todos nós possuímos: a própria vida!

Como espírita, você tem vivido dessa maneira fora do centro espírita?

Como católico, você tem vivido assim fora da igreja católica?

Como evangélico, você tem vivido assim fora da igreja evangélica?

Desse questionamento íntimo é que depende a resposta sobre o medo da morte.

Você estará pensando, com razão, que não podemos agir vinte e quatro horas por dia como Jesus porque a distância que nos separa dele é imensa. É claro que sim. Tomemos, porém, um exemplo: a criança que dá seus primeiros passos para aprender a andar amparada pelas mãos da mãe, também está a uma diferença enorme do corredor que consegue ser campeão da corrida de São Silvestre. Entretanto, ao dar os primeiros passos estará no caminho de um dia poder chegar lá. O importante é começar. Se ficamos parados assistindo o tempo e a vida passarem, estacionamos e nos atrasamos em nossa evolução intelectual e moral. Da mesma forma estamos em relação a Jesus. É compreensível que não temos nenhuma condição de vivenciar o amor vinte e quatro horas por dia como ele fazia, mas já estamos dando os primeiros passos amparados pelas mãos da religião que frequentamos?

Todas as religiões creem na continuação da vida. Ensinam que somos imortais. Essa imortalidade, porém, tem um preço. Carregamos para essa outra dimensão tudo de bom ou de ruim que fizemos aqui na Terra. E responderemos por essas atitudes. De tal forma que, cada um, consultando a sua consciência é que tem a resposta correta se deve ou não temer a morte.

Joanna de Ângelis ensina *que deve recear a morte quem se encarcera nas paixões inferiores, aquele que se escraviza nos apetites insaciáveis, o ser que se agarra às manifestações do corpo transitório.*

A vida que nos aguarda do lado de lá está sendo construída pela vida que estamos vivendo do lado de cá. Tudo é muito claro. Não existem milagres nem surpresas.

Você está preparado para rever fotos antigas suas?

As fotografias do importante homem de negócio fizeram a parte delas alertando-o para o desgaste inevitável do veículo físico e da proximidade da morte.

Estamos nós fazendo a nossa parte para não temer a morte?

Está você fazendo A SUA PARTE?

A LÂMPADA DE ALADIM

LI ESSA HISTÓRIA QUE passo a narrar com algumas modificações no livro *A saúde da alma* do consagrado escritor e orador espírita Richard Simonetti.

Um homem que caminhava por uma estrada encontrou a famosa lâmpada de Aladim. Aquela mesma da história infantil que, quando friccionada, liberava um gênio aprisionado dentro da lâmpada e que concedia ao seu libertador três desejos, fossem eles quais fossem. Dessa vez, porém, a lâmpada estava com sinais de estar bastante velha. Ferrugem corroía o seu corpo. Alguns amassados comprometiam o seu aspecto. Até mesmo teia de uma aranha solitária encontrava-se entupindo a saída da lâmpada. O homem olhou aquele estranho objeto e, para observá-lo melhor, procurou limpá-lo esfregando-o contra a sua roupa. Esse era o mecanismo pelo qual o gênio era libertado: esfregando a lâmpada de alguma maneira. Entretanto, apresentou-se um gênio meio combalido, cansado, com dores nas costas, barba por fazer, roupas em desalinho, que logo foi explicando ao seu libertador que estava muito cansado. Por causa desse cansaço, alertava ao homem que o libertara que atenderia apenas um, e tão somente um desejo. Portanto, que ele pensasse bem. Apenas um desejo! O homem pôs-se a pensar para que não cometesse nenhum erro. Afinal, outra oportunidade daquela nunca mais! Pensou e pensou até que, enfim, decidiu:

- Olha, amigo gênio, como só tenho direito a um pedido, gostaria que o senhor transformasse a minha casa muito pobre em um edifício de cinquenta andares com quatro apartamentos luxuosos por andar. Dessa maneira passarei o resto da minha vida vivendo dos aluguéis que irei conseguir.

O gênio prontamente respondeu:

- Sinto muito, meu amigo. Um prédio de cinquenta andares com quatro apartamentos de luxo por andar, não é serviço para mim. Estou velho e cansado. Pense em alguma coisa mais fácil para que eu possa atendê-lo.

Novamente o homem voltou a pensar e a pensar e, de repente, sentiu um lampejo de genialidade e concluiu:

- Já sei! Vou pedir uma coisa bem mais fácil em consideração à sua velhice e ao seu cansaço.

- Peça, meu libertador, e terei imenso prazer em atendê-lo - disse o gênio aliviado.

- Quero que o senhor me conceda o dom de entender as mulheres!

O gênio da lâmpada fez uma cara de espanto e, batendo no ombro daquele homem, falou rapidamente:

- Como é que você quer os apartamentos no prédio de cinquenta andares?...

Um dia retornaremos ao mundo dos espíritos e estaremos a esfregar não a lâmpada de Aladim, mas as próprias mãos procurando saída para as cobranças que a nossa consciência possa estar por fazer. O que deixamos de realizar enquanto no corpo! O que fizemos e não deveríamos ter feito! O bem que não realizamos. O mal que fizemos. O mal que resultou do bem não realizado.

Enquanto esfregamos as mãos à procura de respostas aparecerá, não o gênio da lâmpada de Aladim, mas um espírito desejoso de nos socorrer naquela situação aflitiva.

- E então, meu filho? O que podemos solicitar à misericórdia de Deus para aliviar a sua consciência?

E seremos impetuosos e decididos na nossa petição:

- Peço a Deus a oportunidade de voltar sem um dos olhos! Peço o consentimento de voltar sem um braço! Quero voltar sem uma perna para reparar meus erros! Quero voltar prisioneiro de uma cadeira de rodas para aliviar minha consciência! Quero...

- Menos, meu filho menos - recomendará o espírito amoroso que nos atenderá. Você não irá suportar o peso dessa cruz. Peça menos a Deus.

- Menos?!

- Sim. Menos para que a cruz não fique tão pesada.

- Então eu quero muito dinheiro. Quero ser milionário. Com muito dinheiro construirei hospitais para atendimento gratuito. Levantarei orfanatos que recolham crianças abandonadas. Construirei asilos para os velhos abandonados. Creches exemplares para que as mães possam deixar seus filhos e ir para o trabalho em paz. Com bastante dinheiro farei isso. Realizarei aquilo.

- Meu filho - dirá o espírito que nos socorre como disse o gênio da lâmpada ao seu libertador —, é melhor retornarmos para considerar o olho que você não quer ter, para o braço e para a perna que você queria dispensar ao entrar na vida física...

A divina misericórdia planeja exatamente aquilo que podemos suportar. Deus não iria colocar o peso maior do que conseguimos deslocar. Provas das quais sairemos derrotados complicando nossa situação. A misericórdia de Deus dosa meticulosamente nossas forças e recebemos a exata quantia que conseguiremos dar conta, da mesma forma como o gênio da lâmpada fez com o seu libertador. O que ocorre, no entanto, quando retornarmos às novas oportunidades da vida material?

Ouçamos Emmanuel na página intitulada *Antes do berço*, do livro *Respostas da vida.*

> Antes do berço, na espiritualidade, examinando as suas próprias necessidades de aperfeiçoamento terá você pedido:
>
> - a deficiência corpórea que induza à elevação;
> - a enfermidade de longa duração, capaz de educar-lhe os impulsos;
> - essa ou aquela lesão física que favoreça os exercícios de disciplina;
> - determinada mutilação que lhe iniba o arrastamento à agressividade exagerada;
> - o complexo psicológico que lhe renove as ideias;
> - o lar amargo onde possa aprender quanto vale a afeição;
> - o traço de prova que lhe impõe obstáculos no grupo social, a fim de esquecer enquistações de orgulho;

- o reencontro com os adversários do passado, então na forma de parentes difíceis, atendendo a resgate de antigos débitos;

- a impossibilidade temporária para a obtenção de um título acadêmico, de modo a frenar-se contra desmandos intelectuais;

- a internação passageira em ambiente de pauperismo, de maneira a desenvolver a própria habilitação no trabalho pessoal.

Aceite as dificuldades e desafios da existência, porque, na maioria das circunstâncias, são respostas da Providência Divina aos nossos anseios de reajuste e sublimação.

É, meu amigo e minha amiga. Na lâmpada maravilhosa de Aladim, alguém de fora liberta o gênio prisioneiro e ele resolve todos os problemas do seu benfeitor.

Na lâmpada da vida nós somos nossos próprios libertadores na medida em que nos ajustamos à lei maior. Conhecereis a verdade e a verdade vos libertará. Eis aí a solução. Para não esfregar as mãos no mundo espiritual à procura de saídas para nossa situação de espíritos endividados, arregacemos as mangas enquanto na Terra na execução daquilo que podemos realizar no campo do bem.

O gênio da lâmpada maravilhosa fez a parte dele auxiliando o homem que o libertara orientando-o quanto a melhor escolha.

As dificuldades que solicitamos enquanto desencarnados farão a parte das orientações dos espíritos amigos, desde que saibamos bem recebê-las e aceitá-las.

Estaremos nós fazendo a nossa parte ou ainda continuamos a procurar por uma lâmpada mágica nas diversas religiões que prometem milagres?

Está você fazendo A SUA PARTE?

AS QUATRO HIPÓTESES

OS FATOS QUE PASSO a narrar são verdadeiros. Realmente aconteceram. Não compõem uma história semelhante a essas de novelas que recheiam os canais de televisão.

Ela ficou órfã de pai com apenas alguns meses de vida, ceifada que foi a vida dele em um acidente automobilístico.

Família pobre, muito pobre, iniciou no trabalho sério ainda jovem. Foi criada pela avó materna, já que a mãe precisava trabalhar o dia todo na busca do sustento da família tendo ficado viúva muito cedo.

Após adulta, cuidou da avó que ficou em uma cama por mais de dez anos e essa avó desencarnou sem ter nenhuma escara (ferida) no corpo por causa do trabalho que a neta dedicara-lhe por todos esses anos. Muitos enfermos, quando acamados por tempo longo, desenvolvem feridas na região da bacia pelo atrito prolongado com o leito. Para que isso não aconteça, entre outras medidas, é necessário que o paciente seja mudado de posição algumas vezes por dia no leito onde se encontra. Ela fez isso com a avó mesmo tendo que trabalhar e dar conta de outros trabalhos no lar.

Uma tia e um tio foram morar num asilo com a morte dos familiares e a desintegração da família. Ela casara-se, mas não tinha como abrigá-los no próprio lar já que iniciara a constituição da família mais próxima com a vinda de filhos. No entanto, visitava todos os dias esses dois tios. Você conhece alguém que tendo familiares em um asilo vai visitá-los todos os dias? Tenho a certeza, porém, que você conhece pessoas idosas que recolhidas num local desses passam a ver os familiares raramente. Isso quando veem.

Teve dois filhos e adotou uma criança. Com o casamento e a consequente melhora financeira, ajudava a todos os familiares que continuavam muito pobres.

A filha adotada passou a desenvolver, depois de moça, uma doença degenerativa para a qual a medicina de hoje, pouco, ou quase nada, tem a oferecer. Foi ficando deformada com o passar do tempo.

Para completar, o marido e companheiro sofreu um acidente vascular cerebral (derrame) e não reconhece mais ninguém.

É lógico que você poderá conhecer dramas reais até piores do que esse que estou narrando por conhecer os personagens, mas vamos nos ater a esse que possui dose suficiente para várias indagações.

Vamos raciocinar com algumas hipóteses para tanto sofrimento para uma única pessoa à luz da doutrina espírita, porque fora dela não existem explicações que se casem harmonicamente com a justiça de Deus.

Ah! Sim. Você já deve ter ouvido aquela explicação antiga e que nada explica de quem diz que essa pessoa está sendo testada em sua fé na Providência Divina. E como estão sendo testados os corruptos, os traficantes, os assassinos autores de crimes bárbaros? Como estão sendo testados aqueles que são responsáveis pelas crianças que morrem de fome, surrupiadas nos seus direitos à vida?

Como estão sendo testadas aquelas pessoas que, por meio da corrupção, não permitem que o doente tenha um tratamento digno? Como estão sendo testadas aquelas que, por sua ação ou omissão, destinam pessoas a catar comida na lata de lixo e morar debaixo de pontes?

Essa divagação eu fiz para demonstrar que o caminho não é por aí. Esse raciocínio era aceito antes das luzes da doutrina espírita. Não mais podemos nos convencer com esses tipos de explicações após o ano de 1857, com o surgimento de *O Livro dos Espíritos.*

Então, retornando ao raciocínio inicial, quais hipóteses podem ser levantadas para explicar os sofrimentos dessa pessoa que acabamos de pincelar o drama real da vida? Sim, temos o direito de buscar entender o que ocorre porque a Providência Divina deu-nos o direito de raciocinar. Deu-nos a inteligência para compreender melhor a vida e a Deus.

Vejamos o que nos diz *O Evangelho segundo o Espiritismo* em seu capítulo V:

> Entretanto, desde que se admita Deus, não se pode concebê-lo sem perfeições infinitas; Ele deve ser todo poder, todo justiça, todo bondade, sem o que não seria Deus. Se Deus é soberanamente bom e justo, não pode agir por capricho nem com parcialidade. *As vicissitudes da vida têm, pois, uma causa, e, uma vez que Deus é justo, essa causa deve ser justa.*

Vemos, então, que a doutrina espírita não tem medo de nos convidar ao raciocínio porque ela não tem dogmas, antes possui hipóteses coerentes.

Raciocinemos com esse drama real narrado no início?

A) Tratar-se-ia de um espírito superior sem nenhum débito de existências passadas que veio para lecionar como devemos nos comportar diante do sofrimento? Essa hipótese podemos descartar. A personagem central do drama que informamos não se enquadra nessa explicação.

B) Estaria todo esse sofrimento, como ensina *O Evangelho segundo o Espiritismo*, relacionado a fatos da existência atual? Ou seja, essa pessoa estaria pagando erros recentes relacionados à existência presente? Relembremos o Evangelho:

> As vicissitudes da vida são de duas espécies, ou, se assim se quer, têm duas fontes bem diferentes que importa distinguir: umas têm sua causa na vida presente, outras fora dela. Remontando à fonte dos males terrestres, se reconhecerá que muitos são a consequência natural do caráter e da conduta daqueles que o suportam. O homem é, assim, num grande número de casos o artífice dos seus próprios infortúnios...

Essa hipótese também está excluída, porque a personagem central nada fez nessa existência para carregar tão enorme cruz.

C) Terceira hipótese para os sofrimentos descritos:

> Mas, se há males dos quais o homem é a causa primeira nesta vida, há outros, pelo menos na aparência, que lhe são completamente estranhos, e que parecem atingi-lo como por fatalidade.

Essa explicação, porém, fica incompleta. Fatalidade? Obra do acaso? Efeito sem causa? Sabemos que isso não é possível, principalmente para um Ser perfeito como o Criador. Aliás, é exatamente isso que o Evangelho esclarece no capítulo das aflições.

> Entretanto, em virtude do axioma de que todo *efeito tem uma causa*, essas misérias são efeitos que devem ter uma causa e, desde que se admita um Deus justo, essa causa deve ser justa.

E o Evangelho vai mais fundo no problema:

> Ora, a causa precedendo sempre o efeito, uma vez que não está na vida atual, deve ser anterior a ela, quer dizer, pertencer a uma existência precedente. Por outro lado, Deus não podendo punir pelo bem que se fez, nem pelo mal que não se fez, se somos punidos, é porque fizemos o mal; se não fizemos o mal nesta vida, o fizemos numa outra.

Temos aí essas três hipóteses. Se você me permite, gostaria de colocar uma quarta que a própria doutrina espírita me ensinou.

D) Esse espírito em provas tão duras poderia ter assumido o compromisso no plano espiritual junto aos futuros familiares de ampará-los por causa da grandeza de alma que já possui.

Absolutamente não estou dizendo que essa é a explicação melhor para o caso que narrei.

O que posso dizer é que, independentemente de qual

seja a explicação mais correta, essa pessoa está fazendo a parte dela.

Estamos nós fazendo a nossa com problemas bem menores que se nos apresentam em nossa existência?

Está você fazendo A SUA PARTE?

O MUITO E O POUCO

A POPULAÇÃO DO PLANETA aproxima-se de sete bilhões de pessoas! Pode ser que, quando este livro vier a lume, já tenha alcançado tal cifra. Sete bilhões de espíritos reencarnados!

Gostaria de fazer alguns cálculos com você que me dá a honra de sua atenção. Você acha que entre esses sete bilhões de pessoas, exista uma só que consiga acabar com a fome no mundo?

É evidente que não! E concordo plenamente. Acho que todos concordariam com a nossa opinião. Agora vejamos por um outro ângulo. Você acha que entre essa população de sete bilhões de pessoas existem muitas que podem estender um prato de comida a um faminto do caminho? É claro que sim, não é mesmo? Dirão muitos: mas do que adianta matar a fome naquela hora de uma pessoa? E nas demais horas do dia? E nos dias que virão? Não tem nenhuma importância o que virá depois, porque o alimento naquele momento crítico pode significar a diferença entre roubar ou, até mesmo, matar para comer. Ou até pior, permitir que a ideia de suicídio se instale na mente do desesperado!

Vejamos um outro cálculo. Você acha que entre sete bilhões de pessoas exista uma única só que pode curar todas as doenças do mundo? É evidente que não! Mas, e se a pergunta for: entre essa população enorme, muitos não podem estender uma caixa de remédio para o necessitado que não tem dinheiro para comprá-lo? E todos concordaremos que é evidente que sim. Muitos têm condições de levar uma pequena porção do remédio necessário ao enfermo que se debate no sofrimento da enfermidade física.

Façamos um outro raciocínio. Você acha que entre os sete bilhões de pessoas existe uma só que seja capaz de perdoar todas as ofensas recebidas? Algumas poucas, talvez. Mas, e se a pergunta for: entre essa população imensa não existem muitas pessoas capazes de perdoar algumas, poucas que sejam, ofensas recebidas? É evidente que sim, não concorda? Perdoar uma agressão aqui e outra ali, são muitas as pessoas que serão capazes de fazê-lo. Desse pouco perdoar de cada um é que surgirá um dia a paz.

Mais uma indagação. Entre esses sete bilhões de pessoas, haveria uma que fosse capaz de acabar com o tráfico de drogas no planeta? Acredito que a sua resposta é igual a minha: não! Mas entre essa população do mundo não existem muitos pais que podem dar mais atenção aos seus filhos a fim de evitar que os traficantes cheguem primeiro? É lógico que sim, não é mesmo? Uma hora a mais com os filhos pode significar uma vida sem drogas.

O mundo melhor que todos desejamos, ou a maioria deseja, só vai surgir das pequenas atitudes de cada um. Não esperemos que a maioria da população comece a trabalhar por esse mundo melhor de uma hora para outra. Isso seria acreditar em milagres que sabemos não existir.

Vamos prestar muita atenção na página do Espírito Emmanuel, intitulada *Mais e menos*, trazida até nós pelo homem amor Chico Xavier, no livro *Inspiração*:

Dá sempre do que tenhas, ainda que seja pouco, de vez que muito pior que dar pouco é deteriorar o que se tem nas garras da sovinice.

***

Serve sempre, ainda que seja pouco, porquanto, muito pior que servir pouco é não ter utilidade para ninguém.

***

Trabalha sempre, ainda que seja pouco, de vez que muito pior que trabalhar pouco é afundar-se a pessoa no poço da inércia.

***

Auxilia sempre para o bem de todos, ainda que seja pouco, porquanto muito pior que auxiliar pouco é não auxiliar em favor de alguém, de modo algum.

***

Espera o melhor sempre, ainda que seja pouco, de vez que muito pior que esperar pouco é naufragar nas sombras do pessimismo.

***

Estuda sempre, ainda que seja pouco, porquanto

> muito pior que estudar pouco é acomodar-se a criatura nas trevas da ignorância.
>
> ***
>
> Pratica a humildade sempre, ainda que seja pouco, de vez que muito pior que pouca humildade é petrificar-se alguém na frieza do orgulho.
>
> ***
>
> Exercita a paciência sempre, ainda que seja pouco, porquanto muito pior que pouca paciência é residir a pessoa no espinheiro da irritação.
>
> ***
>
> De tudo o que seja bom e útil, belo e nobre, é conveniente realizar sempre mais, porque quanto mais fizermos nas áreas do bem, mais amplamente receberemos os bens da vida. Entretanto, se não pudermos realizar o máximo, atendamos pelo menos ao mínimo do que possamos fazer, de vez que TODO MUITO depende DO POUCO a fim de começar.

Dessa maneira, não desprezemos o prato de alimento que possamos estender às mãos aflitas daqueles que padecem a dor da fome porque voltarão a necessitar de alimento.

Não desprezemos a caixa de remédio com apenas alguns comprimidos porque os males físicos poderão continuar.

Não desprezemos o perdão a uma única ofensa que seja durante uma semana de nossa vida porque revidemos as ofensas na maioria das vezes.

Valorizemos o minuto a mais que possamos doar em atenção para com os filhos porque as horas do dia são muito longas e o traficante pode estar a espreitar.

O MUITO nasce do POUCO. Quando o sol desponta no Oriente é frágil mensagem de luz. Entretanto, ao meio-dia, brilha soberano no firmamento. Em seu poente torna a enfraquecer para ressurgir com nova força nas horas que virão.

Como julgar o pouco para aquele que nada possui naquele momento de necessidade maior?

Mesmo que num grande incêndio só possamos colaborar com um simples copo de água, alguma coisa fizemos para que ele não fosse pior.

Desvistamo-nos do orgulho para aprendermos a fazer o POUCO com que construiremos o MUITO de um mundo melhor.

O prato de alimento leva a mensagem da esperança de um dia melhor para o faminto.

A simples caixa de remédio leva a esperança da cura para aquele que se encontra angustiado na doença.

O minuto a mais para o filho em dúvida leva a proposta do apoio dos pais aos seus problemas e dúvidas.

Uma única ofensa perdoada fará o agressor meditar na beleza da paz.

Estaremos nós fazendo o POUCO para que o MUITO possa existir?

Está você fazendo A SUA PARTE no POUCO para que possamos nos reunir felizes no MUITO que em tempo breve virá?

A AJUDA DO CÉU

"AJUDA-TE E DEUS TE ajudará". Quem nunca ouviu essa afirmativa? Ou poderia ser "Ajuda-te que o céu te ajudará", que tem o mesmo significado.

Entretanto, como ocorreria essa ajuda? Você já pensou nisso? Será que a maioria das pessoas sabe como esse auxílio ocorre?

Por exemplo, a pessoa está enferma e faz a sua oração sincera pedindo o auxílio da Providência Divina. Em resposta a essa prece oriunda das profundidades da alma, na manhã seguinte, um frasco de remédio do espaço sideral surgirá sobre a cômoda do quarto da paciente? Será dessa maneira que o socorro Divino se fará presente? Enquanto você pensa, vamos a um outro exemplo.

A pessoa está em dificuldades financeiras, ora profundamente a Deus pedindo socorro. Na manhã seguinte, ao abrir o guarda-roupa para a troca necessária de alguma peça do vestuário, cai uma porção enorme de dinheiro oriundo dos céus? É assim que o socorro Divino se manifesta? Enquanto você pensa, vamos a mais um exemplo.

Os pais estão preocupados com o filho que está se desencaminhando na vida. Pedem socorro do mundo maior. De noite, enquanto todos dormem, um anjo desce do céu e prega um par de asas nas costas do filho problema transformando-o em um ser certinho perante a vida? É assim que Deus ajudará aquele que se ajuda ou pede ajuda?

Todos concordamos que não, não é mesmo?

Quem poderá nos esclarecer é o Espírito Emmanuel em alguns trechos da página denominada *Auxiliando-te, auxiliarás*, no livro *Inspiração*, psicografia do venerável espírito Chico Xavier. Vamos a eles.

> Indispensável não esquecer que podes auxiliar a ti mesmo, através do amparo que dispenses aos outros.
>
> Muitas vezes, a criatura na Terra implora o Socorro Divino, derrubando os apoios humanos que a Divina Providência lhe ergueu no caminho para que lhes sirvam de escora em momento justo.
>
> Quando pedires a Deus determinado tipo de amparo, não te esqueças de que Deus se manifestará por aqueles com os quais te cercou as trilhas da existência.
>
> Ajuda-te e Deus te ajudará - ensina a antiga sabedoria, mas, na maioria de nossas petições e requerimentos, *é imperioso ajudar aos outros*, em nome de Deus, para que, em nome de Deus, também os outros nos possam auxiliar.

A lição de Emmanuel é muito clara. O auxílio da Providência virá por meio do próximo na mesma proporção em que auxiliarmos esse próximo em nome de Deus. Nos bancos da Terra o dinheiro honesto é ajuntado pelo trabalho. É preciso o suor do rosto. Evidentemente falamos do dinheiro honestamente ganho e não daquele que vai para o exterior oriundo das tramas da desonestidade. No banco da Providência também. Do trabalho em favor daqueles que necessitam mais do que nós mesmos, surge a moeda do amor que podemos utilizar nos momentos em que as necessidades da vida nos visitarem. É dessa maneira que se concretiza o "ajuda-te que Deus te ajudará".

Li um pensamento muito interessante que fazia a seguinte afirmativa: "no futuro, só haverá para os homens os deveres!" Como?! Só deveres? Sim. Mas, e os direitos? Quando todos, em um mundo mais evoluído cumprirem os seus deveres, os direitos do outro estará sendo automaticamente respeitado e vigorará com toda a força do verdadeiro amor ao semelhante! Que beleza quando assim for, não é mesmo?

Cumprindo o nosso dever ditado por uma consciência que é o reflexo de Deus em nós, não haverá ninguém que fomentará a guerra.

Cumprindo com o nosso dever, ninguém morrerá de fome porque o direito do outro ao alimento será respeitado.

Cumprindo com o nosso dever não haverá lares desfeitos pelos desentendimentos.

Cumprindo com o nosso dever não seremos a razão das lágrimas do semelhante.

Cumprindo com o nosso dever perante uma consciência retamente iluminada pelos valores reais que transpõem os limites da vida material, não haverá corrupções e impunidades e, por consequência, vítimas dessas atitudes.

Quando agirmos assim, o céu nos ajudará por meio do semelhante que auxiliarmos.

Quando o enfermo orar, Deus o atenderá pelo conselho amigo dito por alguém que o encaminhará ao recurso necessário para a sua cura física.

Quando a pessoa em dificuldade financeira pedir socorro, o auxílio de Deus se fará presente através de alguém que nos proponha um trabalho honesto.

Quando o filho se tornar problemático, o socorro de Deus se fará presente por meio de conselhos amigos dos encarnados e desencarnados que, em nome do Criador, surgirão em nossas vidas.

É e será sempre dessa maneira que o "ajuda-te e Deus te ajudará" haverá de estar presente em todas as nossas dificuldades.

Ajuda-te que o céu te ajudará se concretizará quando estivermos fazendo a nossa parte. Quando formos para aquele que sofre mais, a presença de Deus na vida dele.

Quando cumprirmos com os nossos deveres orientados pela consciência inabalavelmente honesta, todos os direitos do próximo serão respeitados quando, então, a ajuda do céu se fará presente na vida dos homens de boa vontade.

É e será sempre preciso fazer a nossa parte.

Está você fazendo A SUA PARTE?

ARMAZENANDO PASSE

NÃO PODEMOS INTERPRETAR O passe aplicado no centro espírita, como um salvo-conduto para que cada pessoa caminhe na vida isentando-se da lei da semeadura e colheita.

Digo isso porque muita gente entende, erradamente, que recebendo o passe, mesmo que seja grande a dose de amor nele contido, estará imunizada contra a lei que determina dar a cada um segundo as suas obras. Se nem Jesus, como ele próprio afirmou, descumpriria a lei, quanto mais os espíritos a ele subordinados. Entendendo assim, que o passe nos auxilia na colheita obrigatória do que semeamos, mas não pode modificá-la. O passe nos proporciona a companhia dos espíritos amigos solidários com os nossos problemas, mas não anula a colheita da livre semeadura que realizamos.

Determinado casal estava tão entusiasmado com o nascimento do primeiro filho que era um "amor de criança", que já nos primeiros meses de existência levava o pequeno a tomar passe no centro. Não que a criança fosse portadora de algum mal físico ou espiritual que pudesse ser socorrido, mas para evitar que alguma coisa ruim acontecesse com ela. No entender desse casal, o passe seria um preventivo contra as coisas ruins da existência. Uma atitude semelhante a tomar analgésicos todos os dias, mesmo sem ter dor, para que nunca viesse a senti-la. Estranho não? Toma-se a medicação quando a doença aparece e não antes que a mesma surja. Mas o casal não pensava dessa forma e assim que as oportunidades surgissem lá estava o filhinho amado recebendo o passe. Centro espírita aberto e médiuns passistas a postos e tome passe na criança.

O estranho nesse comportamento é que, na medida em que a criança crescia e demonstrava atitudes que precisavam ser corrigidas, os pais tinham a famosa "dó" ou a perigosa atitude de achar que era uma gracinha a maneira como a criança agia. Se ela erguia a mãozinha em atitude de dar tapas nos pais, aquela atitude era classificada como engraçadinha. Era engraçadinha porque, afinal, ela não sabia o que fazia! Ela, corpo infantil, não sabia mesmo. Mas e o espírito milenar que estava utilizando-se daquele corpo em mais uma reencarnação, será que também não sabia o que fazia ou começava a manifestar tendências trazidas de outras existências? Se a criança teimava em não obedecer repetindo atitudes erradas desafiando os pais, que gracinha! Puxou o gênio do pai ou do avô. Perguntamos: foi para repetir atitudes erradas que voltamos? Se o pai ou o avô erram, deve o filho ou o neto errar também repetindo atitudes semelhantes porque são "engraçadinhas"?

Se a criança tinha uma gripe mais forte, questionavam como os passes recebidos não tinham evitado o mal. Se a criança caía um tombo com gravidade maior, questionavam os espíritos que não haviam protegido o filho já que ele havia recebido os passes no centro.

Para não ficarmos discutindo, vamos ao que nos ensina *O Livro dos Espíritos* em sua questão 582? Destacaremos os trechos importantes na análise do que estamos conversando:

> - Pode-se considerar a paternidade como uma missão?
>
> É, sem contradita, uma missão; é ao mesmo tempo um dever muito grande e que obriga, mais do que o homem pensa, sua responsabilidade pelo futuro. *Deus colocou o filho sob a tutela dos pais para que estes o dirijam no caminho do bem,* e facilitou sua tarefa dando-lhe uma organização frágil e delicada que o torna acessível a todas as impressões. Mas há os que se ocupam mais em endireitar as árvores do seu jardim e as fazer produzir muitos e bons frutos, que endireitar o caráter de seu filho. Se este sucumbe por sua falta, carregarão a pena, e os sofrimentos do filho na vida futura recairão sobre eles, porque não fizeram o que dependia deles para o seu adiantamento no caminho do bem.

Se a dose não foi suficiente, relembremos os evangelistas Marcos, em 10:14 e Lucas, em 17:2:

> Deixai vir a mim os pequeninos e não os embaraceis, porque dos tais é o reino dos céus e melhor fora que se lhe pendurasse ao pescoço uma pedra de moinho e fosse atirado no mar, *do que fazer tropeçar a um destes pequeninos.*

Na opinião do consagrado escritor espírita Hermínio C. Miranda, expressa no livro *Nossos filhos são espíritos*:

> Não digo, pois, que 'é de pequeno que se torce o pepino', nem que 'pau que nasce torto nunca endireita'.
>
> - Nada disso! Não é preciso torcer o pepino, basta regá-lo com o orvalho do nosso afeto, evitando que predadores ou pragas o ataquem. Não há, porém, a menor dúvida de que, *se temos em relação aos nossos filhos uma grave responsabilidade, cabe-nos uma quota correspondente de autoridade. Essa autoridade deve e precisa ser exercida, com amor, mas, também com firmeza; sem berros e pancadarias, mas sem tibiezas.*

O destaque é nosso. Para educar, o que é uma responsabilidade enorme dos pais, é preciso dizer NÃO na ocasião necessária. O SIM é mais fácil de ser dito, mas muitas vezes prejudica a educação que deve ser o objetivo maior. Aquele casal, entretanto, levava a criança aos passes para evitar problemas futuros. Como assim? Queriam que os passes revertessem as provas ou expiações necessárias à evolução de cada espírito reencarnado? Mas se não tinham coragem de dizer o NÃO quando a criança demonstrava ser essa a conduta necessária, como preparar um futuro sem problemas apenas recebendo o passe?

Emmanuel, no capítulo 135 do livro *Vinha de luz*, edição FEB, ensina o seguinte:

> Os pais do mundo, admitidos às assembleias de Jesus, precisam compreender a complexidade e

> a grandeza do trabalho que lhes assiste. É natural que se interessem pelo mundo, pelos acontecimentos vulgares, todavia, é imprescindível não perder de vista que *o lar é o mundo essencial, onde se deve atender aos desígnios divinos, no tocante aos serviços mais importantes que lhes foram conferidos*. Os filhos são as obras preciosas que o Senhor lhes confia às mãos, solicitando-lhes cooperação amorosa e eficiente. Receber encargos desse teor é alcançar nobres títulos de confiança. Por isso, *criar os filhinhos e aperfeiçoá-los não é serviço fácil*.

Destacamos novamente o trabalho insubstituível dos pais. O lar como sendo o *mundo essencial* em que nossos filhos vivem e não a sala de passes. A tarefa não é fácil porque o NÃO precisa estar presente na hora certa e intransferível na tarefa educativa. Ninguém está a negar a utilização do recurso do passe nas ocasiões bem indicadas, mas deixar por conta do passe que nossos filhos tenham um futuro melhor, omitindo a participação maior do trabalho educativo por parte dos pais, é uma atitude de fuga ao dever. Somente teremos um futuro melhor no sentido das colheitas que fazemos diante da vida quando investimos na semeadura do bem. Levar a criança para receber o passe e não exercer a responsabilidade como pais é comprometer-se perante as leis e proporcionar aos filhos oportunidades de se endividarem mais diante de si mesmos e da sociedade onde vivem.

Leve, sim, seu filho à evangelização infantil sem esquecer, porém, de que o maior e mais responsável evangelizador é você.

Leve seu filho, sim, para receber o passe nas ocasiões de real necessidade, sem se esquecer de educá-los com o NÃO na hora necessária. O passe socorre, mas a educação é responsabilidade sua como pai e mãe.

Aquele casal procurava armazenar passes, mas não fazia a parte deles como pais.

Estamos nós fazendo a nossa?

Está você fazendo A SUA PARTE?

NÃO PEDI PARA NASCER!

NASCI EM UM LAR humilde no qual nada de material me faltou. Não nasci em um lar espírita evidentemente por falta de mérito pessoal. Numa época em que a psicologia da educação não condenava umas boas palmadas diante de certas atitudes das crianças, posso afirmar que nunca apanhei, embora muitas vezes merecesse. Mesmo assim, na minha ignorância infantil, quando recebia algumas reprimendas de minha mãe, estufava o peito com ar de vencedor e lançava a frase mortífera em minha interpretação: NÃO PEDI PARA NASCER!

A minha mãe, coitada, sem ser espírita, ficava a cismar se o menino desobediente não estava com a razão. Ele, o filho, não pedira mesmo para nascer. Tinha sido uma decisão dos pais.

Hoje, que as bênçãos da doutrina espírita adentraram a minha vida por misericórdia de Deus, vejo que, realmente, eu tinha razão. Não pedi mesmo para nascer! Ficou espantado, amigo ou amiga leitora? Eu explico: eu não pedi para nascer, eu implorei para nascer novamente na carne. Eu supliquei a bênção da reencarnação que me permitiria a quitação de alguns débitos e um pequeno alívio na consciência comprometida com o erro, cuja lista é bem grande.

Mas se é certo que suplicamos pela volta, como ela se

dará? Quando temos o mérito necessário e um certo grau de consciência, podemos traçar planos com os espíritos que supervisionam e planejam a nossa volta. Quando não há esse mérito e nem essa consciência, ficamos submetidos às leis conforme os planos do mundo maior.

Quando há o mérito e se formos perguntados sobre o futuro corpo físico, será que podemos escolher, no caso dos homens, um corpo atlético, altura de um metro e oitenta, olhos azuis, furo no queixo? E no caso da experiência no corpo feminino, podemos reivindicar um corpo escultural, cintura fina, busto e quadris com medidas equilibradas, olhos amendoados, cabelos fartos?

Se assim procedermos, se essas forem nossas ambições, seremos orientados pelos amigos espirituais a um corpo bem mais modesto como motivo de proteção aos desvarios que os atrativos físicos podem proporcionar. Pode acontecer até mesmo que venhamos a ter a notícia de que necessitaremos de um corpo comprometido com determinada enfermidade que nos proporcionará as lições necessárias naquela reencarnação.

E se pedirmos aos espíritos que estudam a nossa volta um lar perfeito, com esposa que seja uma verdadeira Amélia, filhos estudiosos e bem comportados, exemplos de pessoas, pais extremamente compreensivos, atenciosos, amorosos, qual poderá ser a orientação do mundo espiritual? Muitas vezes ouviremos que necessitamos do lar problemático no qual reencontraremos credores do passado na figura da esposa complicada, do marido problema, de filhos que exigirão muita dedicação e resignação por representarem companheiros anteriores de lutas aos quais abandonamos sem o devido carinho, sem o devido cuidado e se constituem em credores de hoje a reivindicar o pagamento de que são legítimos proprietários.

E se pedirmos o dinheiro farto no banco, aquela conta polpuda que nos proporcionará um gerente atencioso que nos convide para um "cafezinho", qual poderá ser a indicação dos espíritos que nos supervisionam o retorno? De que necessitamos da conta bancária bem "magra", que evite os desatinos aos quais o dinheiro convida quando mal empregado e perante o qual já falimos no passado.

Ou seja, teremos traçado um programa de retorno que nos colocará exatamente no local onde poderemos atender ao chamado da evolução espiritual.

Exatamente por isso, para que tenhamos muita aceitação da situação da qual tomamos consciência quando reencarnados, gostaríamos de lembrar com você a página de Emmanuel intitulada *Aceitação*, do livro *Inspiração*, psicografia do homem amor Chico Xavier:

> Antes de recolher-nos ao berço terrestre, na Vida Maior, escolhemos ou somos induzidos a escolher o tipo de experiências das quais temos necessidade para melhorar-nos ou promover-nos a planos mais elevados.
>
> Diante disso, busca os recursos precisos à harmonização de tudo o que te interessa à paz e ao bom ânimo para o desempenho das tarefas que a vida te atribui, mas não te proponhas a destruir os meios de que careces para que te sintas mais eficiente na construção geral.
>
> Se trazes algum órgão doente, procura recursos para tratá-lo, convenientemente, como se torna in-

> dispensável, mas se a moléstia é irreversível, admite-a com paciência, nos domínios do próprio corpo, consciente de que ela terá função específica na preservação de tua paz.
>
> Protege o próprio lar contra a perturbação e a desarmonia, mas se a tua ação não surte efeito, aceita a casa em que vives por tua escola de regeneração e de amor.
>
> Educa o parente difícil como puderes, entretanto, se esse mesmo familiar prossegue difícil, abraça-o, tal qual é, para que aprendas tolerância e humildade.
>
> Acolhe as tuas dificuldades quando não consigas extingui-las, sanando-as, pouco a pouco, sob o esforço de tua energia serena.
>
> *Não fujas à luta que a vida te propõe*, na intimidade de ti mesmo e, atendendo ao trabalho do dia a dia, a fim de superá-la, *conserva a certeza de que é pelas tuas próprias prestações de serviço ao bem comum que a bênção da vitória te marcará.*

Espero que na próxima reencarnação eu não volte a repetir a meus pais que não pedi para nascer. Pedimos para voltar, sim, quando a consciência atormentada nos cobrava ininterruptamente na região espiritual em que estagiávamos. Não pedimos, suplicamos pela volta para consertarmos o que de errado fizemos. É a única maneira de aliviarmos a consciência comprometida com o erro. A reencarnação nos traz de retorno exatamente onde precisamos reiniciar a jornada em busca da perfeição. É necessário, porém, aceitarmos as condições que a espiritualidade planejou, exatamente por serem aquelas de que necessitamos na atual existência.

Se pedimos para nascer, quando não suplicamos para reencarnar, não basta termos voltado, é preciso fazer a nossa parte.

Está você fazendo A SUA PARTE?

OS DOIS BANCOS

EXISTIA NAQUELA PEQUENA CIDADE, duas agências bancárias que denominaremos de agência A e agência B.

O personagem de nossa história chamaremos de João, mas poderia ter qualquer outro nome, inclusive o do próprio autor deste singelo livro. Poderia ter, por acaso, os seus nomes também, amigos e amigas leitores. Vamos ver.

João devia à agência A uma relativa soma de dinheiro por empréstimos feitos junto à mesma e não quitados. Por isso mesmo, ele desviava-se daquele local. Atravessava a rua para passar bem longe dos olhares do gerente que, de tempos em tempos, lembrava-lhe a dívida e a necessidade de saudá-la. Mas João preferia fugir ao compromisso, afastando-se o mais longe possível do local.

Já na agência B, João tinha um saldo relativamente bom que permitia-lhe pagar os compromissos mais imediatos. Nessa agência ele se sentia bem. Tomava o seu cafezinho, cumprimentava o gerente, era conhecido pelos caixas e demais funcionários da agência.

Contudo, a sua atitude de fuga não era desconhecida pelo gerente da agência A na qual era devedor. Depois de esperar tolerantemente, depois de avisos que solicitavam seu comparecimento para um devido planejamento e acerto da quantia devida, o gerente da agência A procurou o gerente da agência B e expôs ao colega o problema da dívida e a atitude de João. Com a colaboração do gerente da agência B, eles traçaram o seguinte plano: numa determinada noite, trocariam o ativo e o passivo dos dois bancos, ou seja, a agência A onde João devia, mudar-se-ia para o prédio da agência B onde João era credor. Um detalhe, porém, ficou estabelecido. Os nomes das agências não mudariam, continuariam os mesmos.

No dia seguinte João repetiu o que sempre fazia há tempos: passou longe da agência que julgava ser a agência A na qual devia e não comparecia para pagar, e adentrou tranquilo aquela que julgava ser a agência B, em que tinha algum crédito e tomava o seu cafezinho e conversava com amigos. Entrou na fila do caixa e ficou aguardando, conversando com um e com outro, a sua vez de pagar uma determinada conta. Acenava para um conhecido aqui. Cumprimentava outro conhecido acolá. Nessa euforia não percebeu quando o gerente da agência A onde havia entrado, trocou de lugar com o caixa e aguardou sorridente pela surpresa do seu devedor. Quando chegou a sua vez João deu o passo em direção ao caixa e deparou-se, extremamente espantado, com a figura que tanto evitara por aquele tempo todo: o gerente da agência A!

Disse surpreso já que não tinha o que dizer:

– O que está o senhor fazendo na agência B?!

– Trocamos de prédio à noite, senhor João, de tal maneira que essa é a agência A na qual o senhor tem uma dívida como bem sabe.

– Mas como isso aconteceu?! Ontem era a agência B!

– O senhor tem razão. Trocamos de prédio à noite. Foi

a única maneira de encontrá-lo, já que o senhor evitava a nossa agência.

João mal respirava. Estava pálido. Suava frio. E escutou por fim o convite do gerente sorridente:

- Venha, João, vamos até a minha mesa para conversarmos sobre a sua dívida e planejarmos uma forma em que o senhor possa pagar o que deve...

***

O que você faria no lugar de nosso amigo João?

A Providência Divina faz isso conosco. É. Somos bons credores, mas maus pagadores. Procuramos com insistência aqueles que nos devem, mas procuramos evitar a quem devemos. Por isso, a Providência usa uma tática semelhante a daqueles dois gerentes. Se dependesse de nos oferecermos para reencarnar junto àquelas pessoas a quem devemos no banco da Vida, esse reencontro ficaria adiado por um tempo muito, muito longo, extremamente longo.

Usando da tática da troca de "agências", essa aproximação é mais rápida, muito mais rápida.

Por exemplo: no namoro, no noivado e nos primeiros anos do casamento, muitas vezes acreditamos estar na agência onde temos crédito, na qual nada devemos. Mas, com o rolar dos anos, vamos descobrindo com os atritos naturais de um lar em reajuste, que entramos foi na agência em que devíamos e não poderíamos mais continuar adiando a dívida, e não naquela na qual éramos credores. Recebemos nesse novo lar as contas antigas na figura de uma esposa problemática ou de um marido difícil. Recebemos nesse novo lar as contas antigas na pessoa de filhos que são espíritos a quem ficamos devendo algo em existências anteriores. Recebemos nesse novo lar, que é a agência A disfarçada de B, as contas antigas de uma situação financeira difícil, contas antigas que ficamos devendo à vida por mal empregarmos o dinheiro quando o tivemos farto em outras existências. Dessa forma, vamos sentando na mesa do Gerente da Vida e quitando as promissórias que assinamos quando fugimos a compromissos anteriormente assumidos por livre e espontânea vontade no uso do livre-arbítrio.

Emmanuel nos ensina que a semente útil é aquela que aceita a solidão e a escuridão do solo para que possa germinar e produzir e não aquela que fica como enfeite esquecido em uma prateleira. Solo útil é aquele que recebe a ação do arado, do trator, da enxada e não aquele que fica intocável e improdutivo. A árvore, continua Emmanuel, que resiste à tempestade adaptando-se construtivamente ao clima em que foi situada é aquela que se enche de flores e de frutos e ninhos para a sustentação das criaturas. Árvore inútil é aquela que se dobra e desiste da vida ao sopro de um vento mais forte.

Dessa maneira, somos trazidos ao "banco" junto ao qual devemos para produzir no campo do bem e não fugir da dívida gerando mais e pesados juros.

Por isso disse no início que o nome do nosso personagem poderia ser qualquer um, cabendo consultar a nossa consciência se o nosso nome estaria de bom tamanho se fosse utilizado na história.

Meu amigo e minha amiga, esteja você na agência A ou na agência B, o importante é seguir o exemplo da semente, da árvore ou do solo que se deixam ser agredidos para produzir.

Na frente do gerente da agência A, qual terá sido a atitude de João? Correu para a rua adiando o pagamento da dívida? Sentou-se à mesa para combinar alguma forma de pagamento da quantia devida?

Como temos pago a nossa parte no banco da Providência?

Como tem você pago A SUA PARTE?

O PASTOR DE OVELHAS

ESSA HISTÓRIA QUE IREMOS contar é uma adaptação da página de André Luiz intitulada *Auxílio e orientação*, do livro *Endereços de paz*.

Um jovem, naqueles tempos em que os pastores acompanhavam o seu rebanho pelos pastos defendendo os seus animais que proporcionavam o seu sustento, procurou um pastor de um rebanho de ovelhas e pediu para acompanhá-lo no seu trabalho para aprender a arte do pastoreio. Desejava também, um dia, ter os seus próprios animais, carneiros e ovelhas de preferência.

O pastor aquiesceu ao pedido do rapaz e este passou a acompanhá-lo pelo período de uma semana.

Quando o pastor detectava o perigo da proximidade de lobos que representavam uma séria ameaça para os animais indefesos, conduzia-os para um local de onde pudesse defendê-los da forma mais segura possível.

Quando o tempo anunciava um temporal com raios que ameaçavam a vida dos animais em campo aberto, o pastor conduzia-os para um local mais seguro.

Quando o pasto rareava em determinado local e a fome dos animais exigia um local de comida mais abundante, lá estava o experiente pastor a conduzi-los para uma região com alimento farto.

Quando algum animal se feria ou apresentava alguma

doença, o pastor cuidadoso procurava o mais rápido possível trazer o socorro necessário.

Dessa maneira, transcorrida uma semana, o jovem curioso havia aprendido algo sobre a arte do pastoreio.

Ao se despedir do bondoso senhor que o acolhera no ensino, o homem perguntou-lhe inesperadamente:

- Meu jovem, o que você aprendeu de mais importante nesses dias todos?

O rapaz sem entender a profundidade da pergunta, respondeu inseguro:

- Muitas coisas, pastor. Por exemplo, quando o senhor detectou a presença de lobos ferozes, conduziu o rebanho para local seguro defendendo com segurança os seus animais.

- E o que mais importante do que isso você aprendeu?

O jovem novamente sem entender o questionamento, voltou a responder com insegurança:

- Percebi também que, por ocasião de chuvas intensas com raios e trovões, o senhor conduzia os animais para local mais seguro tirando-os do campo aberto.

- Isso também é verdade - ponderou o pastor. - Mas e além disso, o que mais importante você aprendeu?

- Bem pastor, vi que o senhor providencia o pasto abundante quando falta a alimentação adequada, removendo os animais para outros locais onde o alimento é mais farto.

- Isso também é verdade, meu jovem. Mas o que mais importante do que isso você aprendeu?

O jovem estava cada vez mais acanhado e inseguro com as perguntas e lembrou-se de dizer:

- Aprendi que o senhor providencia tratamento para

os animais que se ferem ou apresentam doenças, procurando proporcionar-lhes a restauração da saúde.

- E o que mais importante do que tudo isso você aprendeu nesses dias todos comigo?

- Senhor - disse o jovem extremamente envergonhado - eu não sei aonde o senhor quer chegar. Creio que narrei tudo o que aprendi com o senhor e que foi muita coisa. Se me ensinou algo mais importante do que tudo isso, não percebi, não entendi.

- Quem ensinou-lhe algo mais importante do que tudo isso não fui eu, foram os animais.

- Os animais, senhor?! Agora é que não entendi mesmo.

- Sim, meu jovem. Os animais te ensinaram que, apesar de todos os cuidados que eu possa ter com eles, é que eles, nossos amigos carneiros e ovelhas, se deslocam com as próprias pernas, com o seu esforço próprio. De nada adiantaria a minha tentativa de levá-los para um local mais seguro ou de pasto melhor se não se locomovessem por meio do próprio esforço! Essa é a maior lição que você deve reter em sua memória: o esforço próprio de quem necessita ser ajudado!

***

Esse pastor lembra muito bem a atitude de Jesus para com o planeta Terra e os espíritos a ele vinculados no seu processo evolutivo. Somos conduzidos pelo Pastor Divino aos melhores locais onde possamos crescer moral e intelectualmente. Por meio dos espíritos superiores que estão sob o seu comando, recebemos o amparo necessário para retornarmos ao caminho do bem, passando pela porta estreita da existência.

Conduzidos ao lar terrestre ao lado de companheiros de outras existências e também de devedores de outras épocas, cabe-nos caminhar com as próprias pernas, orientados pela consciência, em direção às decisões mais corretas que nos proporcionem o aproveitamento das valiosas oportunidades que temos nesse local de nos resgatar perante a Lei.

Conduzidos à presença da enfermidade e amparados pela espiritualidade amiga, cabe-nos caminhar com as nossas próprias pernas em direção aos procedimentos que nos proporcionarão chances de um crescimento maior diante de nós mesmos.

Conduzidos às provas das dificuldades financeiras ou do excesso de dinheiro, amparados pelos prepostos do Cristo, cabe-nos caminhar com as nossas próprias pernas em direção das decisões que transformem as provações da pobreza ou da fortuna em oportunidades de nos regenerar perante a Lei.

Diante do adversário mais ferrenho, amparados por Jesus, é responsabilidade nossa caminhar com as próprias pernas em direção da reconciliação que nos libertará do jugo das obsessões que nos cobram alto preço para o seu resgate.

Conduzidos à presença da esposa difícil, do marido complicado, dos filhos problemas, sempre amparados pelo Divino Pastor, cabe-nos caminhar com as próprias pernas em direção de condutas adequadas que nos proporcionem a quitação de nossos débitos perante a própria consciência.

Conduzidos, enfim, por Jesus e seus auxiliares, espíritos incansavelmente amigos que velam por nós, cabe-nos o caminhar com as próprias pernas em direção da porta estreita que proporciona a paz de consciência, fugindo das estradas largas e fáceis que nos conduzem aos desequilíbrios.

Quando Jesus nos convidou para segui-lo, alertou que deveríamos tomar de nossa cruz e fazê-lo. Em nenhum momento afirmou que a caminhada seria fácil. Em nenhum momento afirmou que seríamos conduzidos no colo, mas, sim, que teríamos que caminhar com as nossas próprias pernas, por meio de nosso esforço e sacrifício pessoais.

Por não entender a necessidade de caminhar no sentido de realizar a parte que nos compete, é que muitas pessoas passam pela doutrina espírita - apenas passam - e seguem em busca de propostas mais fáceis onde sejam carregadas nos braços de promessas mais amenas, embora enganosas. Desejam que os espíritos solucionem os problemas que elas mesmas criaram por meio do livre-arbítrio de que são possuidoras.

Uma quer a solução para o lar desequilibrado sem se constituir no fator do equilíbrio.

Outras querem de volta a saúde sem que tenham que cuidar do corpo, física e espiritualmente falando.

Outras ainda buscam por soluções de problemas financeiros sem se disporem ao trabalho.

Muitas desejam a paz para si mesmas, mas continuam a colecionar as causas de seus tormentos.

São ovelhas do rebanho de Jesus que não se perderão, mas que, por enquanto, não desejam caminhar com as próprias pernas. Buscam quem as carregue no colo.

Quando o Pastor Divino nos conduz de uma situação

mais comprometedora para uma situação mais segura, temos feito a nossa parte caminhando com nossos próprios passos?

Tem caminhado você com as suas próprias pernas fazendo A SUA PARTE?

O SALVO-CONDUTO

VOCÊ SABE O QUE é um salvo-conduto? Segundo o dicionário, é um documento oficial que permite ao portador o livre trânsito por um território.

Dona Alzira queria um salvo-conduto dos espíritos. Comparecia diante de um atencioso colaborador da casa espírita e expunha os seus problemas:

- O senhor sabe? Não tenho harmonia em meu lar. Parece que ali está reunido um grupo de pessoas estranhas. É só desavenças, atritos. O que os espíritos me aconselham fazer?

- Minha irmã, no lar encontramos amigos do passado. Mas, encontramos também espíritos a quem devemos de alguma forma pelo exercício do egoísmo, do orgulho e da vaidade junto a esses companheiros de outras jornadas. Deus que é justiça e misericórdia nos proporciona o apoio dos amigos de outrora para que possamos aprender a amar os desafetos do passado. Se Ele nos conduz ao encontro de pessoas a quem devemos, junto segue o auxílio na pessoa daqueles com quem nos entendemos melhor. Faça o culto do evangelho no lar que a senhora estará atraindo a ajuda da espiritualidade amiga na solução dos problemas para a paz no lar.

- Então não há outro jeito?

- Na medida em que fazemos a nossa parte, Deus faz a d'Ele, minha amiga.

Transcorrido algum tempo, eis que retornava dona Alzira com outro problema:

- Pois é. Agora são as dificuldades financeiras que nos visitam. O que os espíritos podem fazer por nós?

- Dona Alzira, na medida em que buscamos recursos por meio do trabalho honesto, os amigos espirituais nos auxiliam para que encontremos o emprego que nos proporcionará um melhor socorro às nossas necessidades aqui na Terra.

- Mas eu e meus filhos temos procurado e não encontramos grande coisa. Os espíritos não podem nos indicar onde existe esse trabalho mais rendoso?

- Os espíritos nos auxiliam na medida em que a lei de Deus lhes permite. Se a senhora e os seus familiares estão necessitados desses momentos de dificuldades, os espíritos amigos, por mais que desejem, não podem ferir a lei. Continue orando e procurando que o auxílio virá. Confie, minha amiga.

Dona Alzira partia insatisfeita com essa tal de ajuda desses tais de espíritos. Que gente complicada os espíritas e os espíritos! Entretanto, passado algum tempo, lá estava novamente a reclamar no centro espírita:

- Agora são os problemas de saúde que fustigam meu lar. Meu marido está com sério problema de gastrite. Tem que fazer dieta e tomar medicamentos caros. Os espíritos não podem intervir para que ele se recupere logo?

- Dona Alzira, muitas vezes as doenças refletem desequilíbrios alimentares. A gastrite do seu marido não seria em consequência disso? O que disse o médico?

- Não disse muita coisa. Passou os remédios e orientou na alimentação adequada.

- Pois então. A orientação do médico é uma das formas da ajuda de Deus em nossas vidas. Seguindo as orientações do facultativo e com o auxílio dos amigos espirituais, seu marido haverá de ficar bom.

- Mas os espíritos não podem dar outro jeito? Um jeito assim mais rápido. Um jeito de impedir que a gente fique doente?

- Dona Alzira, a espiritualidade amiga não pode intervir na lei da semeadura e colheita. Semeamos livremente, mas somos escravos da colheita que se origina da semeadura que fazemos e fizemos na estrada da vida.

E novamente partia a dona Alzira insatisfeita com essa tal de ajuda dos espíritos. Afinal de contas, esses espíritos tinham ou não tinham poder de ajudar as pessoas como se falava no centro espírita? Depois de várias idas e vindas levando os problemas e reclamações para as pessoas que auxiliavam no atendimento fraterno, dona Alzira por lá voltou um dia cansada e desiludida daquelas promessas dos espíritas.

- Como vai dona Alzira? A senhora e a família estão melhores?

- Melhores como, se esses tais espíritos dos quais vocês vivem falando só servem para remendar os estragos?

- Como assim, dona Alzira? Remendar estragos?

- É isso mesmo. Primeiro precisa estragar a saúde, a paz do lar, o dinheiro, para depois eles remendarem os estragos já feitos? Por que não dão um jeito antes que as coisas aconteçam? Afinal, esse tal de espiritismo não dá um salvo-conduto para as pessoas que vêm ao centro espírita? O centro espírita e esses tais espíritos dos quais vocês tanto falam, não dão um jeito de a gente passar em paz, sem problemas, pela vida? Para que servem, então?

***

O apóstolo Paulo, em Romanos, cap. 8, v. 28, faz a seguinte afirmativa: "Sabemos que todas as coisas cooperam para o bem daqueles que amam a Deus, daqueles que são chamados segundo o seu propósito."

Vejamos bem: "todas as coisas cooperam para o bem daqueles que amam a Deus,"! Dona Alzira não entendia isso, ou entendia que as facilidades da vida deveriam fornecer um salvo-conduto para todos aqueles que reverenciassem a Deus por meio de alguma religião. Lembremos que o apóstolo Paulo, depois de converter-se ao cristianismo, foi praticamente abandonado pelo mundo. Antes disso era o famoso cidadão judeu Saulo de Tarso. Inteligência brilhante, com um lugar já certo no Sinédrio da época que era semelhante ao Senado de nossos dias. Era portador, Saulo de Tarso, do título de cidadão romano, o que lhe dava o direito de apelar para o julgamento de César! Depois da estrada de Damasco como Paulo de Tarso, servidor grandioso do cristianismo, passou a ser rejeitado pelos da sua própria raça. Foi expulso de casa pelo pai, que não se conformava como o filho, que tinha um futuro brilhante pela frente, havia se entregado a um tal de "cristianismo". Paulo foi preso várias vezes em uma época em que as prisões não serviam café da manhã, almoço, café da tarde, jantar, roupa limpa, banho, cama e colchões, banho de sol. Não. Era tudo muito cruel naquela época. Chão de pedras frias. Companhia de ratazanas. Ausência dos raios solares. Comida? Às vezes, um pedaço de pão velho e água impura. Paulo foi chicoteado várias vezes. Escarnecido. Apedrejado. Incompreendido. Perseguido por onde passava, teve que fugir muitas vezes para que pudesse continuar levando o Evangelho aos gentios. Até que, finalmente, foi degolado em um cemitério da via Ápia em Roma. Mesmo assim afirmou aos romanos que todas as coisas cooperavam para o bem daqueles que amam a Deus.

Dona Alzira não entendia isso. Entendemos nós? Ou quando nos vinculamos a uma atividade espírita, lá no fundo dos nossos sentimentos secretos alimentamos também o desejo de um salvo-conduto? O que diz a sua consciência? Vou ao centro e, portanto, estou protegido das doenças graves. Foi assim com o Chico Xavier? Vou ao centro e com isso ganho a paz do meu lar. Assumo uma função no centro em que frequento e estou livre dos problemas financeiros mais graves. Com a minha vinculação à doutrina espírita vou conseguir uma esposa perfeita. Um marido ideal. É assim? Buscamos também, secretamente, um salvo-conduto?

O que ocorre, então? Estaria o apóstolo Paulo enganado em sua afirmativa de que as coisas cooperam para o bem daqueles que amam a Deus? Estaria dona Alzira correta ao exigir um salvo-conduto dos espíritos?

A resposta nos dá Irmão José no livro *Ramos da videira*, psicografado por Baccelli quando afirma que "o sofrimento é invisível bordão com que o Divino Pastor te tange de volta para o seu aprisco". As dificuldades são barreiras que nos impedem as quedas morais maiores. Essas dificuldades são as coisas que cooperam para o bem daqueles que amam a Deus e a quem Deus ama. Diz Irmão José no mesmo livro citado que "a tua saúde física debilitada pode ser o socorro providencial para que não precipites a alma em abismos mais tenebrosos". Continua ele esclarecendo: "Quantos são os que, ingressando nesta ou naquela religião, supõem o cessar de todas as lutas, quando em verdade, experimentam o seu recrudescer!" Dona Alzira não entendia isso. Ela desejava um salvo-conduto. O que desejamos nós lá no secreto de nossos pensamentos?

É Irmão José quem continua: "Se quem ama corrige, o Criador, que ama Suas criaturas, não poderia omitir-se na corrigenda que lhes é preciso. O genitor que, em tudo, concordasse com o filho, não estaria à altura da responsabilidade paterna que abraçou. Assim, se amas a Deus, não penses que Ele não te ama porque não te satisfaça os caprichos e não te atenda na maioria de tuas requisições."

Agora podemos entender a colocação do apóstolo Paulo e entender que dona Alzira estava errada como muitas outras pessoas. Todo o sofrimento do apóstolo dos gentios era o bordão do divino pastor para que ele não se desviasse do seu rebanho.

Meu amigo, Paulo que tinha todos os méritos para um salvo-conduto não o obteve e continuou a fazer a enorme parte dele.

Está você fazendo A SUA PARTE ou ainda procura por um salvo-conduto em alguma religião dos homens?

AS MARCAS DO CRISTO

TUDO NA VIDA, DE alguma forma, possui uma determinada marca. Os remédios denominados de genéricos podem ser reconhecidos porque possuem uma letra "G" impressa na caixa.

Tijolos fabricados em determinada olaria possuem na parte mais rasa da peça algum sinal ou letras que identificam o produtor.

As editoras possuem o seu símbolo com letras que identificam-na perante os leitores.

O bem-te-vi canta, de maneira inconfundível, o seu longínquo "bem-te-vi", "bem-te-vi".

Os proprietários de animais procuram marcá-los com algum tipo que identifique a sua posse sobre eles.

Nós mesmos possuímos as marcas do tempo. Os famosos "pés de galinhas" que aborrecem a tantas pessoas. A apavorante celulite que sofre intenso combate e escassos resultados. A barriga crescida e a calvície nos homens são marcas do tempo. A testa enrugada e combatida com o poderoso botox são marcas do tempo.

Existe um símbolo utilizado em vários locais públicos e que procura identificar o cristianismo como a cruz que lembraria a presença de Jesus. São marcas que a vida ou o próprio homem coloca na existência.

Entretanto, relembremos as palavras do apóstolo Paulo aos Gálatas, 6:17, quando afirma seguro de si: "Desde agora ninguém me moleste, porque trago no meu corpo as marcas do Senhor Jesus."

Que marcas seriam essas? Teria Paulo esculpido no próprio corpo uma cruz que o identificava como cristão? Sabemos que não. Então, a que marcas se referia ele? Não poderiam ser outras a não ser a da própria conduta do apóstolo diante dos obstáculos da vida na divulgação do cristianismo para os denominados gentios.

Paulo conseguiu reviver Jesus junto ao trabalho com que atendia as escassas necessidades do seu corpo material; reviver Jesus diante da simplicidade quando deixou o orgulhoso e poderoso Saulo; reviver Jesus perante o pecado que conseguiu não cometer; reviver Jesus perante a pobreza que resolveu abraçar para divulgar os ensinamentos cristãos; reviver Jesus no encontro e reencontro junto aos amigos das diversas igrejas que foi plantando pelo caminho que percorreu; reviver Jesus diante de todas as dores físicas e morais por que passou pelo preço de tornar-se cristão e, finalmente, reviver Jesus diante do próprio martírio que enfrentou quando alcançado pelas mãos dos homens com a sua tradicional justiça injusta.

Da mesma maneira podemos ter em nós as marcas do Cristo!

Dentro do lar temos em nós as marcas de Jesus quando nos calamos silenciando a discussão inútil?

No trânsito, temos em nós as marcas de Jesus quando exemplificamos a paciência?

Na enfermidade, temos em nós as marcas de Jesus quando sofremos com resignação?

No trabalho, temos em nós as marcas de Jesus quando agimos com honestidade?

Diante da proposta desonesta, temos em nós as marcas de Jesus optando pela honestidade?

Junto àquele que nos ofende, temos em nós as marcas de Jesus exercitando o perdão?

Diante do erro, temos em nós as marcas de Jesus buscando pelo acerto?

Perante os filhos, temos em nós as marcas de Jesus oferecendo-lhes nosso tempo?

Diante dos pais, temos em nós as marcas de Jesus respeitando-os e amparando-os nos momentos tristes do final da existência material?

Ensina Emmanuel que todos os dias, portanto, o discípulo pode encontrar recursos de salientar suas ações mais comuns com os registros de Jesus.

Ensina mais Emmanuel quando orienta que quando termine cada dia, passemos em revista as pequeninas experiências que partilhamos na estrada vulgar. Ensina Emmanuel que observemos os sinais com que assinalamos os nossos atos, recordando que a marca do Cristo é, fundamentalmente, aquela do sacrifício de si mesmo para o bem de todos.

Temos feito a nossa parte para termos as marcas do Cristo?

Tem você feito A SUA PARTE para ser digno das marcas de Jesus?

AH! SE EU PUDESSE VOLTAR!

QUEM JÁ NÃO OUVIU essa famosa frase de arrependimento: Ah! se eu pudesse voltar! Ou até mesmo não se expressou dessa maneira?

E para enfatizar essa volta tão desejada, cria-se um pleonasmo ao se dizer "voltar atrás". Pleonasmo é uma repetição desnecessária de um determinado termo ou ideia. No caso, não é preciso dizer voltar atrás porque ninguém volta para frente, não é verdade? Mas a vontade é tanta de ter uma nova oportunidade que cria-se esse reforço: "voltar atrás".

Ah! Se eu pudesse voltar atrás não teria comprado esse carro que estou tendo tantas dificuldades para pagar!

Ah! Se eu pudesse voltar atrás eu não teria feito essa viagem em que nada deu certo como eu havia planejado!

Ah! Se eu pudesse voltar atrás não teria casado com esse homem que não foi capaz de realizar os meus sonhos!

Ah! Se eu pudesse voltar atrás, nunca mais teria me aproximado dessa mulher que não era a "Amélia" que eu desejava.

Ah! Se eu pudesse voltar atrás não teria nunca mais essa profissão!

Ah! Se eu pudesse voltar aos meus vinte anos faria tudo diferente!

Ah! Se eu pudesse isso, se eu pudesse aquilo, não faria mais isso, não faria mais aquilo!

Será que não faríamos mesmo? Tem certeza? Olha que não seria bem assim como demonstra a própria vida. Querem ver?

No Evangelho de Lucas, 13:24, encontramos a seguinte afirmativa de Jesus: "Porfiai (lutai) por entrar pela porta estreita, porque eu vos digo que muitos procurarão entrar e não poderão."

Você não acha muito estranha essa afirmativa de Jesus, segundo o evangelista Lucas?

Pelo que vemos perante a vida, a maioria não procura a estrada larga e fácil da existência que traz as recompensas imediatas, mesmo que a custo, muitas vezes, das atitudes desonestas? Veja, por exemplo, quantos casos de corrupção que vêm à tona, ao conhecimento público. Fora aqueles sobre os quais nunca temos ou teremos notícias. Como entender, então, a afirmativa de que muitos procurarão entrar pela porta estreita e não conseguirão se a maioria já, de saída, procura as facilidades da existência?

É Emmanuel quem nos esclarece ao afirmar que antes da reencarnação necessária ao progresso, a alma estima "na porta estreita" a sua oportunidade gloriosa nos círculos carnais. E aí as coisas ficam mais fáceis de serem compreendidas, porque antes da reencarnação, quando estamos frente a frente com a consciência que cobra incansavelmente os nossos deslizes, suplicamos por nova oportunidade de acertar. Antes da reencarnação quando estamos, muitas vezes, em regiões do plano espiritual onde reina o sofrimento criado por nós mesmos, não vemos a hora de retornar ao corpo material e ter a bênção do esquecimento para podermos tentar de novo e nos redimirmos.

Nessa situação aceitamos entrar pela porta estreita das

dificuldades do mundo. Mas, ah! Quando caímos de novo no corpo físico que nos põe em contato com os prazeres materiais, nos esquecemos dos compromissos assumidos quando ainda desencarnados e corremos em busca desesperada pelas portas largas da vida! Vantagens aqui, lucros ali, poder acolá, vamos colecionando não uma, mas várias portas largas da existência. Mandamos e não admitimos ser desobedecidos! Conquistamos, mesmo a preço da desonestidade, e nos posicionamos como donos eternos dos bens passageiros da Terra. Humilhamos e fingimos não perceber a lágrima alheia. Prometemos e abandonamos na estrada da vida os compromissos assumidos quando estávamos do lado de lá, esquecidos que para lá retornaremos mais cedo ou mais tarde porque ninguém nasceu para semente e a vida física foge muito rápida pela estrada do tempo.

Então, as vestes materiais se desgastam com o avançar do calendário dos homens. As rugas teimam a se instalar em nosso rosto. Os cabelos se cobrem com a neve da idade. Vamos sentindo o peso dos anos porque já não aguentamos fazer mais o que antes fazíamos com facilidade. As doenças características da velhice anunciam a sua chegada. Então, porque não temos como fugir, pressentimos a vizinhança da morte e tememos ser remetidos aos locais de sofrimento se na vida tivermos preferido as portas largas da existência. Nessas ocasiões a consciência se angustia e surge a famosa frase: "Ah! Se eu pudesse voltar!" Só que já voltou e não soube aproveitar as oportunidades renovadas que a misericórdia de Deus proporcionou. Voltou e tornou a buscar os bens passageiros da vida material que se dissolvem diante do túmulo. Voltou e buscou as portas largas da vida. Retornaremos para o plano espiritual, para as regiões da consciência comprometida com os valores fugazes da existência. E como essas regiões são de sofrimento, suplicaremos por uma nova volta à carne onde prometemos tudo fazer para buscar a porta estreita que abandonamos mais uma vez. Dessa forma podemos entender a afirmativa de Jesus em Lucas: "Porfiai por entrar pela porta estreita porque eu vos digo que muitos procurarão entrar, e não poderão." E não poderemos porque teremos que aguardar na fila da reencarnação uma nova oportunidade em que a misericórdia de Deus nos autorize a voltar. Enquanto isso não ocorre, continuaremos a viver no mundo espiritual exatamente no local que fizermos por merecer para que a justiça se cumpra. Aí, nessa hora do aperto que parece durar por toda a eternidade, vamos querer a porta estreita que desprezamos e nela não poderemos entrar enquanto não chegar a nossa vez.

Você que está na vida física novamente, qual porta tem procurado? A fácil e larga dos valores do mundo ou a estreita e difícil que nos redime a consciência culpada?

Ah! Se eu pudesse voltar! Eu, você, todos que estamos reencarnados, voltamos. Voltamos com a recomendação de procurar pela porta estreita e aceitamos as dificuldades todas.

Ah! Se eu pudesse voltar! Você voltou. Tem feito A SUA PARTE para que essa volta não tenha sido em vão?

OS DOIS EXTREMOS

E Jesus, falando, disse-lhe: Que queres que te faça?
E o cego lhe disse: Mestre, que eu tenha vista.
E Jesus lhe disse: Vai, a tua fé te salvou. E logo viu,
e seguiu a Jesus pelo caminho.
(Marcos, 10:51-52)

NO INÍCIO DO LIVRO contamos a história de Natanael Ben Elias, o paralítico que os amigos desceram pelo telhado da casa de Pedro em Cafarnaum, em um dia que Jesus atendia aos necessitados naquele local. Natanael foi curado e, logo depois, foi comemorar entre bebidas alcoólicas e mulheres equivocadas. O paralítico havia alcançado a cura do corpo, mas continuava enfermo da alma. Livre da paralisia marcava novos encontros com as dores da semeadura de erros à qual retornara. Já na passagem de Marcos encontramos o extremo oposto na pessoa de Bartimeu, o cego de uma localidade denominada de Jericó. Bartimeu ouvia sobre os prodígios operados pelo profeta de Nazaré, e na ocasião em que teve oportunidade de perceber a presença dele naquele local, começou a clamar bem alto para que fosse ouvido: "Filho de Davi! Tem misericórdia de mim." Foi repreendido pelas pessoas que entendiam que, dessa forma, atrapalhava a passagem de Jesus. Não entendiam que ele havia vindo para os enfermos do corpo e, principalmente, da alma. Outros repreendiam a Bartimeu por entenderem que os problemas alheios eram maiores e mais graves do que o sofrimento do cego. Entretanto, Jesus parando a certa distância do sofredor ordenou que o trouxessem à sua presença. Bartimeu rapidamente caminhou em direção da voz do Rabi da Galileia. Cheio de paciência, o mestre interrogou-o: Que queres que te faça? Ao que o cego respondeu convicto: "Senhor, que eu tenha vista." Foi dessa maneira que Bartimeu voltou a ver e a enxergar. Sim. A ver e a enxergar porque não agiu como o paralítico que foi comemorar entre as bebidas e as mulheres equivocadas. O cego de Jericó passara a ver com os olhos do corpo e a enxergar com os olhos da alma porque passou a seguir Jesus por onde ele fosse. Não a seguir fisicamente. A seguir, principalmente, aplicando em sua vida os ensinamentos do mestre que era a garantia da cura radical.

Emmanuel, no livro *Vinha de luz*, nos ensina que a atitude do cego de Jericó representa padrão elevado a todo discípulo sincero do Evangelho. O enfermo de boa vontade – continua Emmanuel – procura primeiramente o mestre, diante da multidão. Em seguida à cura, acompanha Jesus, glorificando a Deus. A maioria dos necessitados – continua ensinando Emmanuel – porém, assume posição muito diversa. Quase todos os doentes reclamam a atuação do Cristo, exigindo que a dádiva desça aos caprichos perniciosos que lhes são peculiares, sem qualquer esforço pela elevação de si mesmos à bênção do mestre. Continuando os seus ensinamentos, coloca o mentor de Chico Xavier que raros procuram o Cristo à luz meridiana; e, de quantos lhe recebem os dons, raríssimos são os que lhe seguem os passos no mundo.

O mesmo se passa, infelizmente, em muitos centros espíritas. Muitos sofredores, necessitados do socorro Divino, aí comparecem na presença dos espíritos que trabalham em nome de Jesus. Recebem um adiantamento da misericórdia de Deus em relação aos problemas que apresentam. A partir daí, muitos passam a agir como o paralítico que voltou ao gozo dos prazeres materiais que proporcionam novas ocasiões de errar, de contrair dívidas perante a Lei e a marcar um novo encontro com a dor para refazer o que de errado fazem de livre e espontânea vontade no exercício do livre-arbítrio. Poucos entendem como Bartimeu, o cego de Jericó, reformulando seus hábitos, seu modo de ser, de agir, de pensar, de proceder, de escolher perante a vida. Os primeiros voltam a ser visitados pela dor e passam a culpar a doutrina espírita que não os livrou dos males da existência para todo o sempre. Releia a página "O salvo-conduto" deste livro. Desconhecem ou não desejam conhecer que ceifaremos daquilo que plantarmos. Nem a doutrina espírita nem religião nenhuma impedirá que a cada um seja dado segundo as suas obras. Vão ao centro espírita, obtêm um alívio para o problema que estão enfrentando, mas não se reformulam continuando a vivenciar o orgulho, o egoísmo e a vaidade. Encontram-se com Jesus na hora do aperto e após o alívio transitório seguem o mundo. Os segundos, não. Obtêm o socorro e entendem que precisam continuar seguindo Jesus. Não seguindo a doutrina espírita, mas seguindo as leis de amor que vigem em todo o Universo e que nos convidam ao perdão, à bondade, à fraternidade, à renúncia. Leis que nos convidam a nos afastar do egoísmo, do orgulho e da vaidade, os três pilares mestres de todas as nossas quedas diante de nós mesmos. Esses agem como o cego de Jericó. Conseguem o socorro para o corpo físico transitório e a medicação para a alma. Não necessitam permanecer no espiritismo, mas devem permanecer na vivência do amor que é a maior de todas as religiões que existem porque foi fundada por Jesus.

Quando ouvirmos alguém reclamar que no espiritismo não conseguiu o alívio para os seus problemas, devemos nos perguntar para qual caminho essa pessoa teria seguido. Se optou pelo caminho do paralítico Natanael Ben Elias ou se percorreu a estrada do cego de Jericó.

Mais importante ainda: quando as coisas não estiverem caminhando muito bem para o nosso lado, vamos parar e olhar se estamos no caminho do paralítico de Cafarnaum ou se, acertadamente, optamos pela trilha do cego Bartimeu. Em qual dos dois extremos estamos localizados?

É preciso fazer a escolha correta. É preciso decidir se estamos em busca da cura do corpo, passageira e superficial, ou estamos interessados na cura definitiva que atinge a alma de quem sofre.

É preciso fazer a nossa parte dependendo daquilo que queremos.

Está você fazendo A SUA PARTE?

POLUIÇÃO MENTAL

NESSA FASE BENFAZEJA DA Humanidade em que o homem acordou para a defesa da Natureza em seus mais variados setores - rios, atmosfera, desmatamento, poluição do ar que respiramos, camada de ozônio etc. —, nada mais urgente do que falarmos em uma outra poluição muito mais grave que é a poluição ambiental.

O período carnavalesco que se renova anualmente é um dos exemplos maiores dessa poluição psíquica.

Ensina Kardec em *O Evangelho segundo o Espiritismo*, no capítulo VIII, o seguinte:

"Em resumo, na pessoa que não concebe mesmo o pensamento do mal, o progresso está realizado; naquela a quem vem esse pensamento mas o repele, o progresso está em vias de se cumprir; naquela, enfim, que tem esse pensamento e nele se compraz, o mal está ainda com toda a sua força; numa, o trabalho está feito, na outra está por fazer. Deus, que é justo, considera todas essas diferenças na responsabilidade dos atos e dos pensamentos do homem."

Na imprensa livre do nosso país felizmente democrático, muitas notícias de tragédias são anunciadas. E são anunciadas porque, infelizmente, atrai um público muito grande, ou seja, somos os responsáveis pela veiculação desse tipo de noticiário. Atentados contra escolas públicas com a morte de vários estudantes, crimes passionais e de outras muitas naturezas, tais como corruptos e corruptores acompanhados, em muitos casos, pela impunidade, catástrofes meteorológicas, acidentes rodoviários e aeroviários fornecem dados para a poluição da psicosfera terrestre em detrimento de todo o planeta.

E o que seria essa tal de psicosfera? Muito simplesmente falando, é o ar espiritual que respiramos. Todo atentado contra a lei de amor que governa o Universo ou os múltiplos universos criados por Deus, carrega negativamente a psicosfera do planeta onde isso ocorre. Para dar um exemplo mais claro: em cidades com poucas indústrias, o ar que respiramos é mais puro. Nas cidades muito industrializadas, o ar que se respira é carregado de agentes nocivos à saúde física. A psicosfera dos planetas pouco evoluídos, como a Terra, é carregada de poluentes que atentam primeiramente contra a nossa saúde espiritual e, depois, contra nossa saúde física por consequência inevitável, já que aquilo que desequilibra o espírito afeta fatalmente o corpo.

Ora, se alimentamos o pensamento desequilibrado, quem é que atraímos? Os espíritos que se sentem bem, que sentem prazer em que isso ocorra. Se durante o dia vivemos em desequilíbrio alimentando tal situação, o que ocorrerá à noite quando o corpo material dorme, mas o espírito permanece desperto? Seremos atraídos para os ambientes espirituais onde o desequilíbrio impera. André Luiz nos relata o planejamento de crimes que se concretizam no mundo físico e que são arquitetados no mundo espiritual. Relembremos um pequeno trecho do livro *Libertação* em que o mentor Gúbio fala a André Luiz:

> Não mediste ainda a extensão do intercâmbio entre encarnados e desencarnados. A determinadas horas da noite, três quartas partes da população de cada um dos hemisférios da crosta terrestre se acham nas zonas de contato conosco, e a maior porcentagem desses semilibertos do corpo pela influência natural do sono permanece detida nos círculos de baixa vibração, qual este em que nos movimentamos provisoriamente. Por aqui, muitas vezes se forjam dolorosos dramas que se desenrolam nos campos da carne. Grandes crimes têm nesses sítios as respectivas nascentes e, não fosse o trabalho ativo e constante dos espíritos protetores que se desvelam pelos homens no labor sacrificial da caridade oculta e da educação perseverante, sob a égide do Cristo, acontecimentos mais trágicos estarreceriam as criaturas.

O pensamento sintonizado com o mal, a poluição mental, nos convoca à noite durante a liberdade maior de nosso espírito a comparecer a essas regiões com as consequências de nossa ida a esses lugares.

No livro *Vinha de luz*, Emmanuel tem uma página bastante elucidativa sobre a poluição mental a que estamos expostos quando assim permitimos e que se intitula *Falatórios*. Comenta ele:

> Poucas expressões da vida social ou doméstica são tão perigosas quanto o falatório desvairado, que oferece vasto lugar aos monstros do crime.
>
> Quanto se há trabalhado, louvavelmente, no combate ao álcool e à sífilis?

> Ninguém lhes contesta a influência destruidora.
>
> Arruínam coletividades, estragam a saúde, deprimem o caráter.
>
> Não nos esqueçamos, porém, do falatório maligno que sempre forma, em derredor, imensa família de elementos enfermiços ou aviltantes, à feição de vermes letais que proliferam no silêncio e operam nas sombras.
>
> Raros meditam nisto.
>
> Não será, porventura, o verbo desregrado o pai da calúnia, da maledicência, do mexerico, da leviandade, da perturbação?
>
> Deus criou a palavra, o homem engendrou o falatório.
>
> Se o álcool embriaga os viciosos, aniquilando-lhes as energias, que dizer da língua transviada do bem que destrói vigorosas sementeiras de felicidade e sabedoria, de amor e paz? Se há educadores preocupados com a intromissão da sífilis, por que a indiferença alusiva aos desvarios da conversação?
>
> Em toda parte, a palavra é índice de nossa posição evolutiva. Indispensável aprimorá-la, iluminá-la e enobrecê-la.

Portanto, em nosso ambiente de trabalho, no interior de nosso lar, onde quer que estejamos, o comentário sobre os maus noticiários devem sofrer severa vigilância do espírita. Primeiro, porque, como nos ensina a questão de número 886 de *O Livro dos Espíritos*, a verdadeira caridade como a entendia Jesus é benevolência para com todos, indulgência para as imperfeições alheias, perdão das ofensas. E o segundo motivo pelo qual não devemos servir de lenha para os comentários que divulgam o pessimismo por meio dos falatórios, é o alerta contido em *O Evangelho segundo o Espiritismo*, em seu capítulo X, item 11: "Não julgueis, a fim de que não sejais julgados; porque vós sereis julgados segundo houverdes julgado os outros; se servirá para convosco da mesma medida da qual vos servistes para com eles. (Mateus, cap. VII, v. 1,2)."

Diante dos acontecimentos trágicos que divulgam crimes pela imprensa livre, tanto a vítima como o agressor estão inscritos para a devida reparação nas Leis da Vida, não necessitando dos nossos comentários, de nossos falatórios. Que sabemos nós da anterioridade das existências daqueles que se agridem? Que sabemos nós das provações de resgate que os aguardam? Quando a isso nos entregamos, mergulhamos na poluição mental que nos sintonizará com diversos graus de desequilíbrios podendo, inclusive, levar-nos a processos de obsessões simples ou, quem sabe, a situações ainda mais graves.

Em que fase estaremos em relação ao ensinamento de Kardec quanto ao pensamento do mal que expusemos no início? Abrigamos esses pensamentos? Repelimos esses pensamentos ou já nem somos mais visitados por eles?

Dessa maneira, lutando para o saneamento do meio exterior que nos cerca e combatendo a poluição mental a que estamos expostos, caminharemos mais rápido em direção a um mundo de regeneração tão desejado, tão esperado por todos, mas pelo qual fazemos tão pouco!

Estamos fazendo a nossa parte?

Está você fazendo A SUA PARTE?

DIANTE DO NOSSO CALVÁRIO

Prostrou-se sobre o seu rosto, orando e dizendo: Meu Pai, se é possível, passe de mim este cálice; todavia, não seja feito como eu quero, mas como tu queres.
(Mateus, 26:39)

Pai, salva-me desta hora! Mas para isto vim a esta hora.
Jesus (João, 12:27)

SABEMOS QUE OS EVANGELHOS foram escritos muitos anos depois de Jesus deixar a vida física. Naquela época não havia gravadores. Ele se manifestava em aramaico. As palavras dele que nos chegaram por meio das diversas traduções da Bíblia, foram traduzidas do grego para o latim. Do latim caminhou até nós sabe-se lá com quais dificuldades para se manter fidelidade ao que realmente foi dito. Quantos desvios não deve ter sofrido ao passar de um idioma para o outro. Quantas modificações não devem ter sofrido ao ser interpretadas pelas cabeças que vieram traduzindo aquilo que realmente estava escrito lá em sua origem no grego. Sabemos, da mesma forma, que muitas expressões que haviam no aramaico não encontravam semelhança exata nas manifestações das outras línguas pelas quais transitou as possíveis palavras de Jesus. De tal maneira que, sempre temos que tomar muito cuidado quando vamos analisar o que foi ensinado realmente por ele. Vamos a um bom exemplo das possíveis confusões das traduções do original em grego. Na passagem do Evangelho de Lucas, versículo 43, capítulo 23, encontramos a seguinte afirmativa de Jesus ao chamado "bom ladrão": "Eu te asseguro: hoje estarás comigo no Paraíso." Conhecendo a justiça das Leis Divinas todos sabemos ser isso impossível. Absolutamente impossível. O ladrão não poderia ir para o Paraíso naquele dia porque tinha contas a saldar. A não ser dessa maneira, haveria uma transgressão à lei de semeadura e colheita. Era um ladrão! É aí que entra a explicação de um conhecedor do aramaico, dr. George M. Lamsa, competente conhecedor da Bíblia, nascido no Kurdistão, onde ainda se fala o aramaico que era a língua falada por Jesus. Esse conhecedor desse idioma explica que o erro desse trecho está exatamente em sua tradução. O correto seria traduzir da seguinte forma: "Eu te asseguro hoje: estarás comigo no Paraíso." (*Diversidade dos carismas* – Hermínio C. Miranda.) Viram só que tremenda diferença? O ladrão, após percorrer a sua estrada evolutiva como todos nós, um dia entraria no Paraíso, mas não naquele mesmo dia em que morria na cruz. Por isso é preciso muito cuidado ao interpretar aquilo que as traduções nos dizem e que não significa que represente com fidelidade o que foi ensinado por Jesus.

Mas suponhamos que Jesus tenha se expressado exatamente como consta nas duas passagens acima. Estaria ele revelando temor diante do sofrimento que se avizinhava e que não era desconhecido dele?

A resposta é muito simples. Absolutamente e definitivamente, não! Várias vezes ouvi, pela televisão, Chico Xavier afirmar que não temia a morte porque considerava que havia dado o recado que lhe fora incumbido de trazer. E como realmente trouxe! Da mesma forma, ouvi várias vezes a mesma afirmativa de destemor diante da possibilidade da morte de Divaldo Pereira Franco, porque ele tem absoluta convicção da imortalidade e do dever cumprido.

Francisco de Assis, quando indagado por um dos companheiros de ideal sobre o que faria se soubesse que iria morrer naquele dia, respondeu tranquilo que continuaria a cuidar da tarefa que estava a realizar numa demonstração inabalável de consciência do dever cumprido.

Ora, por isso disse anteriormente ser fácil a resposta de que Jesus não estava a demonstrar receio diante dos sofrimentos rudes e injustos que se avizinhavam. Embora Divaldo e Chico estejam muitos milênios de evolução à nossa frente, estão aquém, muito aquém, da grandeza moral do Cristo. Como também Francisco de Assis. Se todos esses três grandes espíritos não temiam e não temem a morte, por que Jesus haveria de temer? Nas suas palavras sobre as quais nos falam essas duas passagens do Evangelho, está uma demonstração de como devemos agir e reagir diante do Calvário particular que nos aguarda. O recado dele está muito claro: submissão à vontade de Deus! Nos dois episódios citados ele se submete à vontade do Pai. Que é exatamente o que não fazemos. Muito pelo contrário, ousamos pedir contas a Deus pelos sofrimentos que nos visitam. A famosa frase "por que eu?" representa muito bem essa insubmissão. Demonstra também o nosso egoísmo porque se é outro quem sofre, tudo bem, Deus está certo. Mas se somos nós!... E não é assim mesmo? Se passa uma ambulância com a sirene ligada e sentimo-nos em segurança, o problema é de quem está sendo levado com urgência para o hospital. É ou não é? Se num acidente não perece nenhum ente querido nosso, o problema é das outras famílias que foram vitimadas. Desde que não envolva ninguém da nossa família, é porque tinha que acontecer. Mas se acontece com um dos nossos, toda insubmissão aos acontecimentos que nos causam a dor vêm à tona empurrada pela revolta, pelas interpelações às Leis da vida. Achamo-nos no direito de pedir contas a Deus quando a dificuldade financeira nos visita, quando o filho se desencaminha na vida, quando a esposa não é a Amélia que queríamos, quando o marido não é o príncipe encantado que esperávamos, quando a saúde se ausenta muitas vezes por nossa própria culpa. Nessas ocasiões não demonstramos a submissão de Jesus à vontade de Deus.

Ensina Emmanuel no livro *Vinha de luz* que Jesus ia provar o abandono dos entes amados, a ingratidão de beneficiários da véspera, a ironia da multidão, o apodo na via pública, o suplício e a cruz, mas sabia que ali se encontrava para isto, consoante os desígnios do Eterno.

Ensina Emmanuel que Jesus pede a proteção do Pai e submete-se na condição do filho fiel. Examina a gravidade da hora em curso, todavia reconhece a necessidade do testemunho.

Que ninguém se engane. Também teremos os nossos momentos em que devemos sempre pedir o auxílio Divino, e submetermo-nos. E aí é que está a imensa diferença!

O trabalho exterior da dor apura os sentimentos interiores se vivenciados com resignação.

Emmanuel nos lembra que a terra aguarda a ação do arado. A árvore, a poda. O minério, o calor do cadinho. A ave terá que reconstruir o ninho após a tormenta. E o homem terá que colher o que semeou e semeia por uma questão de justiça. Entrar em um banco para sacar dinheiro quando temos crédito é prazeroso. Contudo, entrar no banco para pagarmos quando devemos é angustiante. Causa uma sensação de perda. No banco da vida se passa o mesmo. Quem tem crédito, saca. Quem deve, paga. E paga em suaves prestações por que senão, não suportaríamos. Diante desses momentos e exatamente para essas ocasiões foi que Jesus nos deixou as suas palavras diante dos sofrimentos que se avizinhavam.

Temos feito a nossa parte para nos submetermos à vontade de Deus como ele fez?

Tem você feito A SUA PARTE?

AS TUAS PEDRAS

VOCÊ JÁ PRESENCIOU ALGUMA discussão violenta entre duas pessoas no trânsito, no seu local de trabalho ou, quem sabe, entre seus familiares? Discussão daquelas em que os dois ficam transtornados com o que dizem e sentem um pelo outro? Qual a sua impressão? A carga de ódio que explode nessas discussões fica somente entre as duas pessoas envolvidas ou se espalha contaminando as que estão à sua volta?

Ensina Emmanuel no livro *Vinha de luz* que quando um homem comete uma ação má, os reflexos perduram, por muito tempo, na atmosfera espiritual em que ele vive. Mais ou menos semelhante à explosão da bomba atômica nas cidades de Hiroshima e Nagasaki, no Japão, durante a Segunda Guerra Mundial. Os que não morreram no primeiro momento da explosão, sucumbiram depois com os efeitos da irradiação.

Ensina também Emmanuel nesse mesmo livro que a criatura ignorante que observa o mal praticado entre essas duas pessoas, se faz pior. Os olhos menos benevolentes, continua o mentor de Chico, que veem o mal ocorrer, se tornam mais duros. O homem quase retificado que presencia o mal estaciona e desanima. Podemos assim perceber que o mal não ocorre somente entre duas pessoas ou entre as pessoas envolvidas. Ele se espalha como as ondas originadas no meio de um lago quando atiramos uma pedra no centro desse lago. As ondas vão do centro se espraiando em direção às margens. O mal também faz isso. Irradia-se do foco central em direção às pessoas não envolvidas com ele. Por isso Emmanuel comenta que em derredor de um gesto descaridoso congregam-se a indisciplina, o despeito, a revolta e a vingança, associando-se em operações mentais malignas e destrutivas. Como não pensamos nisso quando presenciamos o mal ser realizado entre duas pessoas, não é mesmo? A que vários eventos desastrosos ele dá origem! Perguntamos a você se já presenciou o bem ser praticado entre duas pessoas onde quer que isso ocorra. Um bem que deixe uma pessoa extremamente sensibilizada com a atitude de uma outra. Se você já esteve por perto quando isso ocorreu, deve ter se sentido leve, tranquilo, como se você fosse o real beneficiário da ação bondosa, não é assim?

É que o bem, ensina Emmanuel no livro citado anteriormente, edifica e ilumina sempre. A criatura ignorante ao presenciar o ato bondoso aprende a se elevar, diz o benfeitor. Os olhos menos benevolentes que veem o bem ocorrer recebem nova claridade para a vida íntima, continua ele.

O homem quase retificado que identifica a ação bondosa adquire mais fortaleza para restaurar-se. Já imaginaram o que sentiram aqueles que conviveram com Jesus? Quantos sóis irradiava ele com a sua extrema bondade no vale de sombras da Terra com cada atitude bondosa que partia a todo instante do seu coração? Da mesma forma que o mal, o bem funciona como a pedra que atiramos no meio das águas paradas de um lago. As ondas que aí se iniciam se propagam até as margens. Por isso nos sentimos muito felizes quando estamos no raio de ação do bem praticado. Somos envolvidos por sensação de bem-estar e nos animamos. O bem contagia positivamente.

Sempre jogamos, com as nossas atitudes, com as nossas escolhas, as nossas pedras no lago da vida. Depois de atiradas, as pedras do mal ou do bem geram ondas que se esparramam em todas as direções, contaminando positiva ou negativamente as pessoas.

Nosso planeta ainda é um mundo de provas e expiações porque o mal predomina contaminando os seus moradores. Você deseja modificar essa realidade? Então escute o que Emmanuel orienta: *se desejas, portanto, propagar o espírito sublime do Cristianismo, atende à obra individual com Jesus.* Você percebeu o que diz Emmanuel? A obra individual! Ou seja, o que você pode realizar por sua conta sem esperar o que os outros podem fazer e não fazem. E Emmanuel continua a ensinar: *afasta os corações amados do campo escuro do erro, através de teus atos que constituem lições vivas do amor edificante. Recorda-te de que pela conversão verdadeira e substancial de um só espírito ao Infinito Bem, escuras multidões de males poderão desaparecer para sempre.*

Vejam quanta responsabilidade está em nossas mãos como cristãos e espíritas!

E aí? Onde tem você jogado as suas pedras? No lago do bem ou do mal? Estamos fazendo a nossa parte para ingressarmos mais rapidamente em um mundo de regeneração ou estamos colaborando na manutenção da nossa escola da Terra para que permaneça como um mundo de provas e expiações? Está você fazendo A SUA PARTE atirando as suas pedras no lago do bem?

O CAMINHO ÚNICO

(...) Eu sou o caminho (...)
Jesus (João, 14:6)

SE VOCÊS, AMIGO LEITOR e leitora, moram no interior do seu Estado, deve existir várias rodovias, vários caminhos para atingir a Capital do mesmo. Rodovias alternativas que vão se integrando e conduzindo ao mesmo destino: a Capital do Estado onde você mora.

Por exemplo, de onde moro, existem várias alternativas para se chegar a São Paulo saindo de Tupã. Não existe um caminho único. Por meio de uma integração da rede rodoviária muito ampla conseguimos atingir a Capital utilizando opções diversas.

O que isso tem a ver com a passagem do Evangelho de João citado anteriormente?, você deve estar se perguntando. E eu explico. Jesus afirma taxativamente que ele é o caminho para se chegar até Deus. Não há nenhum outro. Não existe uma rede rodoviária espiritual para que possamos atingir o Criador. Só Jesus e isso muda muita coisa, ou melhor dizendo, muda tudo!

Quando reencarnamos, saindo de situação espiritual de sofrimento pela consciência comprometida com o desequilíbrio, recebemos a orientação dos amigos espirituais de pegarmos o nosso "carro do veículo físico" e nos mantermos na estrada única que é Jesus. Essa estrada é difícil, cheia de obstáculos, não há o asfalto das facilidades, desgastamos os pneus do egoísmo, quebramos a suspensão da vaidade, explodimos os amortecedores do orgulho, mas é o caminho correto e único! Entretanto, quando pegamos o "carro do corpo físico" e saímos a dirigir por uma nova existência percorrendo o caminho único que é Jesus, numa bela curva do caminho o dinheiro nos acena por uma estrada asfaltada, fácil de ser percorrida! Paramos o "carro do corpo", mudamos de rota e partimos em direção ao dinheiro que nos atrai pelo caminho fácil! Acontece que, muitas vezes nesse caminho mais fácil, trombamos com a morte de um ser querido. Rapidamente paramos o carro do "corpo físico", que abandonou o caminho único que é Jesus, e voltamos para esse caminho a procurar o socorro da Providência Divina.

Outras vezes, quem nos acena desviando-nos do caminho único que é Jesus, é o apelo da beleza física. Estrada bem pavimentada, fácil de dirigir e de se perder por ela. Paramos novamente o "carro do corpo físico", mudamos o rumo da nossa existência e nos dirigimos atrás das belezas materiais que envelhecem e se findam com a idade e com a morte. E nessa busca fácil trombamos com a enfermidade grave do corpo material. Paramos rapidamente o veículo do "corpo físico", que deixou a estrada única que é Jesus, e voltamos correndo buscar o socorro espiritual por meio de alguma religião.

Em outras ocasiões modificamos o rumo que seguíamos pela estrada única que é Jesus e partimos em busca dos poderes da Terra que nos convidam perigosamente, abandonando o caminho único que é ele. De repente, quando achamos que estamos vencendo a tudo e a todos, trombamos com os filhos que se desencaminham gravemente pela jornada da existência. Novamente paramos o "carro físico", que abandonou a estrada correta que é Jesus, e para ela voltamos, desesperados, a buscar o socorro do mundo espiritual em alguma religião.

Outras vezes, quando nos desviamos do caminho único, batemos de frente com a enfermidade física que passa a nos atormentar. Desesperados, voltamos ao caminho único e procuramos alguma religião que nos ajude a adquirir novamente a saúde do corpo.

Esse comportamento instável que nos caracteriza perante a vida e seus problemas, ora tendo fé e ora esquecendo-nos da fé, ora saindo do caminho e pegando os atalhos mais fáceis, leva Emmanuel a nos ensinar, no livro *Vinha de luz*, que a vida humana não é um processo de gozar ao máximo aquilo que o corpo de carne nos proporciona, servindo-nos da fé apenas nas ocasiões de sofrimento.

Essas constantes mudanças de rumo que vivemos realizando quando deixamos os valores espirituais pelos valores do mundo é que nos levam a lembrar da oração somente em momentos excepcionais, de desespero, em que nos vemos sem saída. Quantas pessoas não existem que se deitam para dormir sem um único pensamento de agradecimento a Deus, como se tivessem a mais absoluta certeza de que despertarão no corpo na manhã seguinte?! E quando a oração é utilizada dessa maneira, somente nos momentos de grandes sofrimentos, acreditamos que ela funcione como a "pomada miraculosa" que tentamos utilizar apenas quando a "pele da existência" está enferma, esquecendo-nos dela na maioria de nossa vida aqui na Terra.

Eu sou o caminho, disse claramente Jesus! Ele não disse que era um dos caminhos, mas o único para quem realmente desejasse caminhar para Deus. É por isso que Emmanuel nos recomenda que *aceitar a tutela de Jesus e marchar, em companhia dele, é aprender sempre e servir diariamente, com renovação incessante para o bem infinito, porque o trabalho construtivo, em todos os momentos da vida, é a jornada sublime da alma, no rumo do conhecimento e da virtude, da experiência e da elevação.*

Se estivermos com o "carro do corpo físico" perambulando pelos caminhos das ilusões e dos valores do mundo, tratemos de voltar o mais rápido possível para o caminho único que nos sinalizou Jesus.

Diz Emmanuel que *cristãos que não aproveitam o caminho do Senhor para alcançar a legítima prosperidade espiritual são criaturas voluntariamente condenadas à estagnação.*

Se estivermos viajando pelos desvios da vida, afastando-nos do caminho único, preparemo-nos para a próxima "trombada" que nos remeterá desesperados em busca do socorro que somente a rota segura poderá nos proporcionar.

Está você fazendo A SUA PARTE para que o seu "carro do corpo físico" não se desvie do caminho único? Ou vai esperar pela próxima trombada da vida?

O JOIO E O TRIGO

> Deixai crescer ambos juntos até a ceifa e, por ocasião da ceifa, direi aos ceifeiros: Colhei primeiro o joio e atai-o em molhos para o queimar.
>
> **Jesus (Mateus, 13:30)**

NÃO SEI QUANTO A vocês, amigos leitor e leitora, mas sempre que lia a passagem evangélica que falava sobre o joio e o trigo, ficava confuso porque interpretava o joio - erva daninha que cresce entre o trigo - como sendo as pessoas de má índole que vivem, mesmo que temporariamente, no mal. E o trigo seriam as pessoas que pelo menos tentam caminhar em direção ao bem. Mas se esses fossem os reais significados de joio e trigo, por que arrancar o joio e atirá-lo ao fogo se sabemos que o inferno não existe? O inferno seria a negação do próprio Deus que é amor e não poderia esse amor criar um local de eterno sofrimento onde atirasse os Seus filhos. Inferno, como nos ensina a doutrina espírita, é a consciência endividada com os erros praticados. O céu é a consciência em paz pelo dever cumprido. Então, ficava a pergunta: por que atirar o joio ao fogo?

Lendo uma página do Espírito Emmanuel no livro *Vinha de luz*, encontrei a explicação lógica para se ceifar o joio que cresce no meio do trigo.

O trigo não se refere às pessoas que buscam o bem. Refere-se às qualidades que já conseguimos colecionar dentro de nós mesmos. E o terrível joio são os defeitos que ainda não conseguimos vencer e que continuam conosco contaminando nosso trigo - as virtudes - interior. Jesus permite que cultivemos o joio por uma questão de termos sido criados livres por Deus. Livres para praticar o bem, como livres também somos para a prática do mal. Entretanto, para que não se perca a colheita do trigo, chega a época em que o joio - nossos defeitos - deve ser extirpado de cada ser humano. Quem seriam esses ceifeiros a quem Jesus se refere que se encarregariam de arrancar o joio? A dor, consequência da má semeadura, não poderia funcionar como esse agente da ceifa?

Vejamos antes algum trecho dos ensinamentos de Emmanuel:

> Quando Jesus recomendou o crescimento simultâneo do joio e do trigo, não quis senão demonstrar a sublime tolerância celeste, no quadro das experiências da vida.
>
> O mestre nunca subtraiu as oportunidades de crescimento e santificação do homem e, nesse sentido, o próprio mal, oriundo das paixões menos dignas, é pacientemente examinado por seu infinito amor, sem ser destruído de pronto.

Ou seja, vamos praticando o mal que vai sendo tolerantemente relevado por Jesus que nos convida sempre ao cultivo do amor. Só que tudo tem um limite para o nosso próprio bem, para que não nos desviemos por um período demasiadamente longo pelo caminho do erro. E na ocasião propícia para cada espírito, chega a ceifa por meio da dor que arranca pelo sofrimento o mal que insistimos em cultivar - o joio da alma. Cada um tem o seu tempo diante das Leis que regem o Universo. Retornemos a Emmanuel:

> A colheita não é igual para todas as sementes da terra. Cada espécie tem o seu dia, a sua estação.
>
> Eis porque, aparecendo o tempo justo, de cada homem e de cada coletividade exige-se a extinção do joio, quando os processos transformadores de Jesus foram recebidos em vão. Nesse instante, vemos a individualidade ou o povo se agitarem através de aflições e hecatombes diversas, em gritos de alarme e socorro, como se estivessem nas sombras de naufrágio inexorável. No entanto, verifica-se apenas a destruição de nossas aquisições ruinosas ou inúteis.

Dessa maneira, consegui entender a passagem do joio e do trigo. Não representam eles os diversos seres humanos que se dedicam ao mal ou ao bem. São as nossas virtudes ou nossos erros. Esses últimos conhecerão a ceifa por parte da dor caso se recusem a ouvir o chamamento do amor.

Emmanuel fez a parte dele esclarecendo-me sobre a real significação dessa passagem. Eu procuro fazer a minha quando escrevo essas linhas para você. Temos feito a nossa parte para que o nosso joio ouça a voz do amor que nos chama desde há mais de dois mil anos?

Tem você feito A SUA PARTE para que o trigo cubra a extensão do seu ser não dando espaço para o joio? Ou está você esperando a ceifa da dor?

GEORGE WASHINGTON CARVER

MEU AMIGO E MINHA amiga, se você nunca leu um livro belíssimo sob todos os pontos de vista que possamos enfocar uma obra literária, então permita-me fazer-lhe uma sugestão segura: leia o livro *O pequeno laboratório de Deus*, de Hermínio C. Miranda. Esse livro conta-nos a história real de uma pequena criança, filho de escravos, chamada George. Se era franzino e frágil materialmente falando, era grandioso como espírito imortal que iluminou o seu tempo na Terra com lições esplêndidas de uma espiritualidade admirável. Leia, recomende a seus filhos, netos, amigos, parentes, enfim, a quem possa absorver por meio da leitura a beleza que o livro encerra. No final da obra você terá a certeza absoluta de que não estou exagerando.

George era filho de um casal de escravos. O pai faleceu de acidente em trabalho escravo e a mãe desapareceu nas mãos da maldade que caracterizava aquela época de escravidão e pós-escravidão imediata nos Estados Unidos da América. Dessa maneira, George passou a viver com os Carver, de quem emprestou o sobrenome. Entretanto, como havia um outro George Carver, ele acrescentou "Washington" para evitar confusões. Surgia, assim, George Washington Carver, um espírito luminoso que mesmo saindo das agruras da escravidão física imposta aos negros, escreveria seu nome luminoso na história do progresso material e moral da Humanidade.

Como é impossível descrevermos em profundidade essa personalidade gigante, iremos dar uma simples pincelada nessa vida grandiosa e iremos começar por um parágrafo do próprio autor do livro mencionado.

> Vejo, portanto, o professor Carver como um ser superior que optou consciente e responsavelmente por uma difícil existência iniciada como negro, órfão e escravo a fim de preparar-se para ajudar milhões de pessoas oprimidas pela miséria, a ignorância, a humilhação e o desrespeito. Para saber de suas lutas, conhecer seus problemas, experimentar suas dores, passar pelos seus desencantos, aquele ser que se chamaria George Washington Carver tinha de nascer lá, entre eles, e não nas amplas mansões dos ricos fazendeiros do algodão. De que outra maneira poderia ele dedicar-se à gigantesca tarefa de demonstrar que os negros eram gente e tinham direito a ser considerados como tal? Foi o que fez.

George desde pequeno tinha a intuição de que ele viera para realizar alguma tarefa (e que tarefa!) em favor dos negros do seu país. Mas como poderia uma criança pensar assim?, dirão muitos. Lembremos que o organismo físico é muito jovem, mas o espírito que abraçou a missão é milenar. Com a ideia de algo fazer pelo seu povo em mente, resolveu partir da casa de seus pais adotivos para buscar um lugar onde estudar. Era uma criança muito sensível com a Natureza, principalmente com as suas queridas plantinhas. Por que as plantas eram diferentes umas das outras? Por que umas tinham folhas compridas e outras pequenas? Por que certas flores eram amarelas, outras cor-de-rosa, azuis, brancas etc? Por que no mesmo canteiro existiam espinhos ao lado de cravos? Por que determinadas plantas rastejavam no chão e outras subiam em estacas, cercas e árvores? Assim, com essa inteligência que já se mostrava acima do normal, partiu com apenas dez anos de idade em busca de condições de estudar e procurar desenvolver os planos que Deus tinha para ele. Teve que aprender a lavar e passar roupas, lavar o chão, banheiros, foi massagista, garçom, cozinheiro e exercitou em grande dose a poderosa humildade que possuía para enfrentar os preconceitos lamentáveis contra os negros do seu país. Seu salário como professor era de mil e quinhentos dólares anuais, salário esse muitas vezes esquecido nos cheques que não descontava. Nunca se preocupou com dinheiro porque dizia que Deus não lhe cobrava nada para ensinar as coisas que aprendia com a Natureza, por que haveria ele de cobrar pelas suas descobertas que revolucionaram a agricultura? Tinha o hábito de levantar-se bem cedo para caminhar pelos campos, estudando no silêncio e na solidão das madrugadas. Dizia que assim poderia entender melhor as lições que a Natureza tinha a ensinar. No sol nascente nos bosques e campos contemplava, embevecido, a grandiosidade do Criador. Afirmava que nesses momentos em que a maioria está dormindo, ele ouvia melhor a Deus e descobria os planos d'Ele.

Professor Carver tinha uma característica dos espíritos grandiosos: sua bondade para com os animais. Não gostava de ver galinhas sendo carregadas de cabeça para baixo, amarradas pelos pés a um varal. Orientava as pessoas que assim agiam que fizessem uma caixa a fim de transportar as pobres aves. Hoje se faz exatamente o contrário: espreme-se cada vez mais esses e outros animais em espaços reduzidos para que possam dar lucros maiores e mais rápidos. Lucros esses que não atravessarão a alfândega do túmulo, embora acompanhem a consciência culpada de quem trata os animais, nossos irmãos menores, dessa maneira em que se revela a crueldade de tantos seres humanos. Você sabia, por exemplo, que determinados *pet shops* cortam as cordas vocais dos cachorros colocados à venda para que não possam latir dentro dos apartamentos e incomodar o "bondoso" ser humano? O que pensaria o professor Carver desse comportamento?

Uma ocasião, determinada empresa de corantes fez uma oferta irrecusável ao professor Carver. Colocavam à sua disposição um laboratório equipado com toda a instrumentação que ele entendesse necessária e lhe pagariam o salário que ele reivindicasse. Em outra ocasião foi o gênio Thomas A. Edison quem tentou levar o professor Carver para as suas organizações. Colocariam todos os recursos da época ao seu alcance e um salário de seis dígitos! Para quem ganhava apenas mil e quinhentos dólares anuais!...

Resultado? Recusou as duas propostas afirmando que se um cientista ou pesquisador se envolvesse com negócios, deixaria de ser pesquisador para se tornar empresário! Como os tempos atuais estão carentes desse despreendimento, você não acha? Em outra ocasião, tendo encontrado um barro vermelho, passou a pesquisá-lo e descobriu a cor índigo, o azul 75 vezes mais azul do que qualquer outro azul. Esse produto foi utilizado nas confecções de *jeans* que se disseminaram pelo mundo. Nenhum lucro reivindicou dessa descoberta ou de tantas outras que realizou estudando o algodão e o amendoim. Acreditava que Deus tinha planos para ele e o dinheiro não fazia parte desses planos.

Foi amigo pessoal de outro gênio no campo do automobilismo, Henry Ford. Conversavam sempre. Ford tinha sempre aposentos especiais em sua própria casa, na Geórgia, para o professor Carver sempre que ele aparecia na cidade em que o genial inventor morava. Inclusive Henry Ford fundou uma escola para crianças negras a quem deu o nome do grande amigo.

Foi também amigo do presidente Roosevelt. Recebeu a medalha Roosevelt em reconhecimento pelos serviços prestados à ciência, ocasião em que foi apresentado com as seguintes palavras, segundo nos narra Hermínio C. Miranda em seu livro:

> – Tenho a honra de apresentar, não somente um homem, mas uma existência impregnada pela paixão de expandir e enriquecer a vida do gênero humano... um libertador de pessoas, tanto de brancos quanto de negros; ponte entre duas populações, pela qual as criaturas de boa vontade podem reensinar-se mutuamente e gozar juntamente as oportunidades e potencialidades de sua pátria comum.

Em 1941, foi convidado pelo presidente da Universidade de Rochester para receber o título de *doctor of science*. Pelo Instituto de Tuskegee recebeu o título de doutor em Ciência *honoris causa*.

É impossível dar uma ideia, mesmo que pálida, desse espírito missionário que cruzou as trevas das maldades humanas no século XIX e parte do século XX, iluminando o seu pedaço do nosso planeta.

Se você está pensando o que essas informações têm a ver com um livro espírita, já esclareço: o doutor Carver tinha certeza de que Deus tinha, como realmente teve, planos para ele naquela existência. Acreditou nisso e proporcionou todas as condições para que esse vaticínio se cumprisse.

Obviamente que os planos de Deus para nós são menores, muito menores, pela nossa pouca evolução. Contudo, temos acreditado nisso e procurado dar as condições necessárias para que esses planos, por menores que sejam, se concretizem.

Doutor Carver fez a parte dele. Estamos nós fazendo a nossa? Está você fazendo A SUA PARTE?

Então comece a fazer lendo e indicando o livro *O pequeno laboratório de Deus*. Quem sabe você não encontra nele o estímulo para entender que Deus também tem planos para você realizar?

AS ESCAMAS DE NOSSOS OLHOS

> E logo lhe caíram dos olhos como que umas escamas, e recuperou a vista.
> **(Atos, 9:18).**

A CITAÇÃO ACIMA EVOCA o ocorrido com Paulo de Tarso após seu encontro com Jesus na estrada de Damasco. Cego e abandonado pelos amigos de antes, Paulo foi socorrido por Ananias a pedido do próprio Jesus para que sua visão fosse restabelecida. Paulo era o vaso escolhido, o que significava ser ele importantíssimo na divulgação do cristianismo para os povos gentios, ou seja, os não judeus.

Se caíram realmente escamas (areia das estradas do deserto?) dos olhos de Paulo, o que eram essas escamas e por que caíram, são fenômenos físicos irrelevantes diante da abertura da visão espiritual do futuro apóstolo. O fato importante é que Paulo voltou a ver as coisas do mundo material, mas principalmente a enxergar a realidade espiritual da vida. Ele tinha o merecimento de ter visto Jesus. Era um espírito de altíssima evolução, capaz de reconhecer o grave erro em que incidia e tomar o rumo correto na mesma existência física! Quantos séculos não gastamos para modificar uma atitude errada que se repete insistentemente?

Quanto a nós, espíritos no início da jornada em busca

da perfeição, milênios nos separam do Cristo. E de Ananias, a distância será tão grande assim? Melhor colocando: não podemos ter o encontro que Paulo teve na estrada de Damasco com Jesus, mas em relação a algum Ananias, temos condições de encontrar? Ou será que a Humanidade de hoje já não possui mais escamas nos olhos?

Por exemplo, será que a vaidade, o orgulho, o egoísmo não seriam escamas que também cegam quanto à realidade da vida espiritual? Os que se detêm na sede do poder que o mundo lhes confere por tão pouco tempo e que se julgam imortalizar no poder para sempre, não estariam também cegos?

Os que amontoam avidamente, desesperadamente, tornando-se escravos do dinheiro estão enxergando a verdadeira realidade das coisas?

Os corruptos e corruptores que se beneficiam da impunidade não teriam escamas nos olhos que conferem a miopia espiritual de julgarem que ficarão para sempre na existência que agora empregam mal? Aqueles que julgam que nunca prestarão contas a uma justiça incorrupta, também não trazem escamas nos olhos?

Os que se transformam na razão do sofrimento alheio utilizando-se do semelhante como se o outro existisse apenas para submeter-se aos seus caprichos, estão enxergando bem a realidade da vida? Não estariam cegos pelas escamas do desamor?

Quando chegamos rapidamente ao atrito por pequenas coisas, quando disputamos querelas insignificantes, não estaremos com as escamas do egoísmo e do orgulho em nossos olhos?

Quando um homem abandona a mulher e filhos em

busca de novas aventuras, podemos considerar que está enxergando bem o aspecto espiritual da existência? Ou estaria envolvido pelas escamas da ilusão?

Quando filhos planejam a morte dos próprios pais, quando uma criança é abandonada de maneira brutal, seria incorreto pensar que os olhos dos autores desses crimes estejam envolvidos pelas escamas da cegueira das inconsequências diante de semeadura tão espinhosa?

Poderíamos continuar fazendo um desfile de situações em que as escamas da cegueira, representadas pelos valores materiais, conferem aos homens da atualidade. E não podemos nos encontrar com a figura de Jesus como ocorreu com Paulo!

Teremos, pelo menos, a presença de um Ananias?

Sim, já tivemos muitos Ananias na vida. Aqueles acontecimentos que ocorrem para nos remover as escamas dos olhos conferindo-nos a capacidade de enxergar além dos valores de um mundo tão transitório que é a existência nesse corpo material.

Quantos pais não derramam as escamas dos olhos com a partida de um filho querido que seria para eles o "Ananias" dessa vida procurando alertá-los sobre a realidade espiritual?

Quantas enfermidades não se transformam nos "Ananias" que procuram derrubar as escamas de nossos olhos?

Quantas dificuldades financeiras não se transformam nos "Ananias" que trabalham para nos despertarem quanto ao emprego equilibrado daquilo que um dia tivemos?

Quanto dinheiro farto não poderia ser interpretado como a oportunidade abençoada de auxiliarmos aqueles que não possuem sequer o pedaço de pão para mitigar a fome do dia, removendo-nos as escamas do ter sem dividir com quem nada possui?

Quantas esposas complicadas não são os "Ananias" que nos buscam para ensinarem a tolerância?

Quantos maridos difíceis não nos procuram como os "Ananias" para lecionarem a paciência?

Quantos filhos problemas não nos visitam o lar como os "Ananias" que tentam ensinar a responsabilidade perante os espíritos, filhos de Deus, que a vida nos deposita nas mãos?

Se procurarmos com coragem e sinceridade, haveremos de encontrar muitos acontecimentos em nossas vidas que agem como Ananias diante de Paulo, retirando dos seus olhos as escamas que não o permitiam enxergar a realidade espiritual da existência. A diferença, a grande e imensa diferença, é que Paulo viu e nunca mais deixou-se cegar pela transitoriedade dos valores fugazes que se iniciam no berço e são retidos no túmulo.

Como estão nossos olhos? Quantas lágrimas teremos ainda que verter para que as escamas enganosas dos valores materiais se desfaçam e caiam como as de Paulo?

Quantas vezes ainda nos deixaremos cegar pelos convites do mundo?

A misericórdia de Deus enviará, enquanto necessitarmos, os "Ananias" das dificuldades, das dores que derrubarão, sistematicamente, as escamas que nos impedem de enxergar a figura majestosa de Jesus. Pelos milênios derrubaremos escamas que nos impedem de ver as consequências das colheitas dolorosas oriundas das semeaduras que realizamos no solo da nossa consciência.

Mas dia virá, mesmo que o tempo utilize de milênios

de duração, em que haveremos de nos ajoelhar diante da figura luminosa do mestre e repetiremos a mesma indagação de Paulo: "Senhor, que queres que eu faça?"

Nesse momento estaremos livres das escamas de todas as ilusões que nos acompanharam por tantas existências na carne, disputando o poder e os prazeres do mundo.

Estamos fazendo a nossa parte para removermos as escamas de nossos olhos?

Está você fazendo A SUA PARTE?

O TURISMO INTERIOR

HOJE FALAREMOS SOBRE TURISMO. Mas em um livro espírita? Pois é! Você vai ver como tem muito ou tudo a ver. Vamos lá.

Você já reparou quantos milhares de pessoas se deslocam no Brasil em um ano, procurando conhecer os lugares bonitos que nosso país possui? De carro, em ônibus, por meio dos aviões, essas pessoas se dirigem aos recantos convidativos desse Brasil maravilhoso. Entretanto, não se vê ninguém procurar conhecer um local que seja, antecipadamente, tido como feio, ruim, que não compense ser visitado, não é mesmo?

Continuemos nosso raciocínio. Você já imaginou quantos milhões de pessoas se deslocam no mundo pelos diferentes meios de transporte para conhecer outros países? Jovens, velhos, pais com seus filhos ensinando-lhes cultura desde o início da existência. São crianças privilegiadas que conhecem não por meio dos livros, mas constatam a existência desses lugares maravilhosos do planeta vendo pessoalmente os fatos. Gasta-se um bom dinheiro nesse turismo pelos países das culturas diferentes, dos idiomas os mais diversos, da alimentação mais estranha, dos hábitos mais surpreendentes. Mas, da mesma forma, ninguém se dirige a um local que não seja compensador, não é mesmo? Gastar muito dinheiro, ficar longe do conforto do próprio lar, correr riscos nas viagens, enfrentar correrias, horas cansativas de viagens, comidas estranhas, diferença de fuso horário, que traz uma canseira danada, e uma série de outros problemas, ninguém se dispõe a isso se previamente sabe que todo esse desconforto e riscos não valem a pena, você concorda?

Podemos resumir, tanto o turismo pelo imenso Brasil e pelo exterior, da seguinte maneira: ninguém se desloca para aonde não compensa ir, principalmente se souber por antecipação que assim é.

Agora vou fazer uma pergunta e que cada um responda da maneira que quiser: será que é por isso que não realizamos a grande viagem para o interior de nós mesmos?!

É! Vamos para outros lugares do Brasil, para outros países, para outros planetas, para as profundidades dos mares, para a menor parte de uma partícula que existe, mas para dentro de nós mesmos!... São poucos os que têm essa coragem. E ela é necessária, extremamente necessária. E não sou eu quem o diz. É Joanna de Ângelis quem afirma, quando ensina que o grande desafio contemporâneo para o homem é o seu autodescobrimento. O autodescobrimento - continua Joanna - tem por finalidade conscientizar a pessoa a respeito do que necessita, de como realizá-lo e quando dar início à nova fase. O autodescobrimento leva, segundo Joanna, à autoidentificação que pode ser considerada como a conquista dos valores nobres e libertadores que se transformam na suprema aspiração do ser.

Se as palavras de Joanna de Ângelis ainda não foram suficientes para nos convencer da necessidade desse turismo interior, relembremos a questão de número 919 de *O Livro dos Espíritos*: Qual o meio prático e mais eficaz para se melhorar nesta vida, e resistir aos arrastamentos do mal? Responderam os espíritos da codificação: Um sábio da antiguidade vos disse: conhece-te a ti mesmo. E como conhecermo-nos se não realizarmos esse turismo interior do qual tanto fugimos? Será que lá dentro é tão feio que não temos vontade de conhecer? Mas é preciso! E se atualmente não é um local agradável, poderemos transformá-lo! Como? É Santo Agostinho quem ensina:

> Fazei o que eu fazia de minha vida sobre a Terra: ao fim da jornada, eu interrogava minha consciência, passava em revista o que fizera, e me perguntava se não faltara com algum dever, se ninguém tinha nada a se lamentar de mim. Foi assim que consegui me convencer e ver o que havia para reformar em mim. Aquele que cada noite, lembrasse todas as ações da jornada e se perguntasse o que fez de bem ou de mal, pedindo a Deus e ao seu anjo guardião para o esclarecer, adquiriria uma grande força para se aperfeiçoar, porque, crede-me, Deus o assistiria. Questionai, portanto, e perguntai-vos o que fizestes e com qual objetivo agistes em tal circunstância; se fizeste alguma coisa que censurais em outrem; se fizestes uma ação que não ousaríeis confessar. Perguntai-vos ainda isto: se aprouvesse a Deus me chamar neste momento, reentrando no mundo dos espíritos, onde nada é oculto, eu teria o que temer diante de alguém? Examinai o que podeis ter feito contra Deus, contra vosso próximo, e enfim, contra vós mesmos. As respostas serão um repouso para vossa consciência ou a indicação de um mal que é preciso curar.

Pois é. O turismo interior é indispensável para realizarmos a grande viagem de retorno para o mundo espiritual, viagem para a qual não iremos como turistas, mas como prestadores de contas do que fizemos de nosso tempo aqui na Terra!

Quanta gente hipnotizada nos iphone, ipads, smartphones, notebooks, computadores, agendas eletrônicas. Parece que esses aparelhos se tornaram senhores de suas vidas. Vivem agarradas a eles. Debruçam-se sobre seus teclados como que sem forças de se libertarem para realizar objetivos maiores para os quais voltamos por meio da reencarnação. Jovens que se interligam com o mundo por esses aparelhos, mas que se desligam de si mesmos! Adultos que passam a ser escravos dessa tecnologia que invade o mundo e a cabeça daqueles que se deixam escravizar por ela. A evolução intelectual do homem cria, cada vez mais, tecnologias que o aprisionam aos valores do mundo. A evolução moral vai ficando para trás, perdendo, temporariamente, a briga até que a dor interrompa essa desvantagem por meio do sofrimento. Os espíritos que retornam para a realidade espiritual após toda uma existência fixada, dominada pelos recursos tecnológicos, encontram-se totalmente sem condições de compreender o que está a ocorrer, onde estão, o que aconteceu com tudo o que tinham, ao fácil acesso de suas mãos e do seu dinheiro. Vagam dementados, desorientados pelo mundo dos espíritos tendo enorme dificuldade de receber o auxílio dos espíritos amigos que, em nome da misericórdia de Deus, buscam ajudá-los. Passaram pelo mundo realizando o turismo exterior. Sequer tomaram conhecimento da necessidade do *conhece-te a ti mesmo!*

Conheceram profundamente o mundo exterior com todos os seus atrativos, mas não se conheceram. Esqueceram-se de si mesmos.

As agências de turismo pelo mundo todo vivem muito bem frequentadas. Viagens e mais viagens são agendadas, são contratadas e são executadas. O turismo exterior cresce a olhos vistos. Mas a agência da consciência vive vazia daqueles que temem o turismo interior para o autodescobrimento e autoconhecimento de que nos fala Joanna de Ângelis.

Que tal fazer A SUA PARTE e agendar o mais rápido possível o seu turismo interior?

***

Tupã, inverno de 2014.

BIBLIOGRAFIA

BACCELLI, Carlos A. Irmão José (espírito) *Ramos da videira*. 2.ª ed. Uberaba, Editora LEPP, 2005.

FRANCO, Divaldo Pereira. Joanna de Ângelis (espírito) *Desperte e seja feliz*. Salvador, Editora LEAL, 2000.

______. *Elucidações psicológicas à luz do espiritismo*. 2ª ed. Salvador, Editora LEAL, 2003.

______. *Liberta-te do mal*. 1ª ed. São Paulo, Editora EBM, 2011.

______. *O homem integral*. 11ª ed. Salvador, Editora LEAL, 2000.

GODOY, Paulo Alves de. *Os padrões evangélicos*. 2.ª ed. São Paulo, FEESP, 1989.

MENEZES, Lydienio Barreto de. *A arte de educar segundo os ensinos de Jesus*. 2ª ed. Rio de Janeiro, Editora CELD, 2012.

MIRANDA, Hermínio C. *O pequeno laboratório de Deus*. 2.ª ed. São Paulo, Editora 3 de Outubro, 2011.

______. *Diversidade dos carismas*. 6.ª ed. São Paulo, Editora 3 de Outubro, 2012.

SIMONETTI, Richard. *A saúde da alma*. 1ª ed. Bauru, Editora CEAC, 2012.

XAVIER, Francisco Cândido. André Luiz (espírito). *Endereços de paz*. 1ª ed. São Paulo, Editora CEU, 1982.

______. *Libertação*. 5.ª ed. Rio de Janeiro, FEB, 1971.

______. *Respostas da vida.* 29ª ed. São Paulo, Editora IDEAL, 2007.

XAVIER, Francisco C. Emmanuel (espírito) *Inspiração.* São Paulo, Editora GEEM, 1978.

______. *Levantar e seguir.* 1ª ed. São Paulo, Editora GEEM, 1992.

______. *Livro de respostas.* 10ª ed. São Paulo, Editora CEU, 2010.

______. *Vinha de luz.* 27.ª ed. Rio de Janeiro, FEB, 2011.

CONHEÇA TAMBÉM:

VENÇA O DESÂNIMO E SEJA FELIZ

Severino Barbosa

14x21 | 152 páginas

Para nos ajudar na manutenção de nosso equilíbrio e entusiasmo, Severino Barbosa nos presenteia com este seu livro *Vença o desânimo e seja feliz*.
Entre tantos conselhos e motivação o autor nos diz que 'as forças da alma são possíveis de serem utilizadas para realizarmos as nossas mudanças interiores'.

AMOR E VIDA EM FAMÍLIA

Geziel Andrade

14x21 | 176 páginas

Este livro foi todo elaborado com base numa extensa bibliografia espírita e popular, é um manifesto em prol do amor cristão. Sua fonte é a crença de que a única mensagem válida é a mensagem do amor vivido, pois quem ama serve, compreende, perdoa e constrói uma convivência mais fraterna e benéfica para todos. Se o amor é a lição maior para a transformação do homem, a família é sua escola.

MENINOS TAMBÉM CRESCEM NO ALÉM

Wilma Stein | Vovô Sabino (espírito)

15,5x21,5 | 80 páginas

Este é um livro voltado ao esclarecimento de crianças e jovens acerca da continuidade da vida além do corpo físico e que também poderá servir de estímulo para evangelizadores tratarem do delicado problema da morte prematura junto aos evangelizandos.

Não encontrando os livros da EME na livraria de sua preferência, solicite o endereço de nosso distribuidor mais próximo de você através do Fone/Fax: (19) 3491-7000 / 3491-5449.
E-mail: vendas@editoraeme.com.br – Site:www.editoraeme.com.br